Doreen Kelimes

Recht. Rechter. Rechtsextremismus

Tritt der russische Rechtsextremismus aus seinem subkulturellen Schatten heraus?

Doreen Kelimes

RECHT. RECHTER. RECHTSEXTREMISMUS

Tritt der russische Rechtsextremismus aus seinem subkulturellen Schatten heraus?

ibidem-Verlag
Stuttgart

Bibliografische Information der Deutschen Nationalbibliothek
Die Deutsche Nationalbibliothek verzeichnet diese Publikation in der Deutschen Nationalbibliografie; detaillierte bibliografische Daten sind im Internet über http://dnb.d-nb.de abrufbar.

Bibliographic information published by the Deutsche Nationalbibliothek
Die Deutsche Nationalbibliothek lists this publication in the Deutsche Nationalbibliografie; detailed bibliographic data are available in the Internet at http://dnb.d-nb.de.

∞

Gedruckt auf alterungsbeständigem, säurefreien Papier
Printed on acid-free paper

ISBN-13: 978-3-8382-0374-4

Printed in Germany

Danksagung

Ich möchte mich bei meiner Familie, insbesondere bei meinem Vater, für die jahrelange Unterstützung während meines Studiums bedanken. Mein herzlicher Dank gilt Thomas und Karen für ihre mentale Unterstützung und konstruktive Kritik während des Verfassens dieser Studie.

Besonders möchte ich mich bei Prof. Dr. Gabriela Lehmann-Carli für die Betreuung während meines Studiums, ihre stetige ideelle Unterstützung und ihre wertvollen Hinweise bedanken.

Inhaltsverzeichnis

Abkürzungsverzeichnis

B&H	Blood & Honour
DPNI	Bewegung gegen illegale Immigranten
KPdSU	Kommunistische Partei der Sowjetunion
LDPR	Liberal-Demokratische Partei Russlands
NBP	National-Bolschewistische Partei
NGO	Non-governmental organization, Nichtregierungsorganisation
NS	Nationalsozialismus
NS-WP	Nationalsozialisten-White Power
NTS	Nationaler Bund der Arbeit der neuen Generation
PRP	Rechtsradikale Partei Russland
RNE	Russische Nationale Einheit
RO	Russische Gestalt
SS	Slavischer Bund
SS	Schutzstaffel der Nationalsozialistischen Deutschen Arbeiterpartei
UdSSR	Union der Sozialistischen Sowjetrepubliken
WP	White Power

Abbildungsverzeichnis

Vorwort

Doreen Kelimes erörtert in ihrer Studie zum Thema „Recht. Rechter. Rechtsextremismus. *Tritt der russische Rechtsextremismus aus seinem subkulturellen Schatten heraus?*“ ein angesichts gravierender Transformationskonflikte für die politische Verfasstheit und die nationale Identitätskonstruktion Russlands äußerst brisantes Problem. Wieder scheint sich die Annahme einer kulturtypologischen Opposition zwischen Russland und dem Westen mit antisemitischen und multiethnischen Sündenbockpotentialen zu vermischen. Rechte Autoren und Politiker modifizieren und radikalisieren dabei kulturosophische und geschichtsphilosophische Vorläuferkonzepte wie die der (Neo)Slavophilen, der Russischen Idee oder der Eurasier, die Gegenentwürfe zur nachpetrinischen russischen Orientierung am Westen darstellten.

Erörtert werden von der Autorin u.a. soziokulturelle Prämissen von Nationalismus, der Umgang mit russophil-xenophoben Traditionen sowie Elemente der Ideologie des Rechtsextremismus und relevante Aspekte der rechtsextremen Lebenswelt. Die Verfasserin stellt die Frage, ob der Rechtsextremismus auf den jugendkulturellen bzw. subkulturellen Bereich begrenzt ist oder ob er bereits im jugendlichen bzw. politischen Mainstream verankert sein könnte.

Evident ist die Gratwanderung zwischen „nationaler“ russischer und russländischer Identitätskonstruktion, offiziellen Patriotismus-Initiativen des Kremls und einem aggressiven (subkulturellen) Nationalismus. Zu Konflikten führten neben den soziokulturellen Folgen einer Orientierung russischer Politik am Westen seit Peter I. die geopolitischen Ambitionen und der multiethnische Charakter des Russländischen Reiches (Rossijskoe gosudarstvo) sowie die Notwendigkeit, einen Reichspatriotismus (bzw. seit Stalin einen Sowjetpatriotismus) zu etablieren. Dieser vermeintlich russländische Patriotismus war aber stark auf die (Groß)Russen fokussiert.

Die vorliegende, sehr aktuelle und politisch engagierte Studie bietet einen quellenbasierten, soliden Überblick über den „Rechtsextremismus“ in Russland, eine Typologie und differenzierte Analyse seiner Erscheinungen (einschließlich rechter Musik und Mystik) sowie seiner Institutionen. Im zweiten und dritten Kapitel der Studie analysiert Doreen Kelimes funktionale Aspekte, Programmatik und Spezifika rechter Politiker und Autoren (insbesondere Vladimir Žirinovskij, Eduard Limonov, Aleksandr Dugin), der jungen russischen Rechten (White Power – Bewegung, Blood & Honour), rechtsextremer Jugendgruppen (Nazi-Skinheads, militante Neonazis, ultrarechte Hooligans, Neuheiden) sowie rechtextremer Organisationen (Russische Nationale Einheit, Bewegung gegen illegale Immigranten, Slavischer Bund, Russische Gestalt, Schultz 88 und Mad Crowd).

Die russische Regierungspolitik mit ihrer gelenkten Demokratie (siehe Versuche einer medialen Gleichschaltung) Patriotismus-Initiativen, der staatlichen Erinnerungskultur und (symbolischen) Schulterschlüssen zwischen russisch-orthodoxer Kirche und Staat immunisieren die Jugend trotz politisch-juristischer Sanktionen nicht gerade gegen den russischen Rechtsextremismus. Auch Großmachtchauvinismus, „präventiver“ Terrorismusverdacht, das Zulassen von Menschenrechtsverletzungen sowie (latenter) Antisemitismus und Rassismus sind kontraproduktiv, um rechte Gewalt abzuwenden. Offenbar droht bezüglich rechter Tendenzen ein „Zauberlehrlingseffekt“ einzutreten, der sich zunehmend einer politischen Steuerung zu entziehen sucht.

Inwiefern können investigativer Journalismus und eine wachsende Zivilkultur dieser rechten Gefahr entgegentreten? Werden ein konsequentes Intervenieren seitens des Staates, das Agieren demokratischer Institutionen, die Schaffung von Lebensperspektiven für Jugendliche und ein der Dimension dieses Problems angemessener politischer Diskurs künftig in der Lage sein, diese rechten Entgleisungen zu beherrschen?

Doreen Kelimes‘ Studie bietet einen differenzierten und informativen Überblick über funktionale Prämissen und gegenwärtige Entwicklungen des Rechtextremismus in Russland und formuliert eine schlüssige Hypothese bzgl. ihrer auch eingangs gestellten Frage *Tritt der russische Rechtsextremismus aus seinem subkulturellen Schatten heraus?*

Gabriela Lehmann-Carli

Einleitung

Die rechtsextreme Jugendkultur hat in den letzten Jahren neuen Aufwind bekommen und das Spektrum rechtsorientierter Jugendorganisationen wurde vielfältiger. Augenscheinlich kam es auch zu einer vermehrten Verbreitung rechtsextremen Gedankenguts sowie der Aneignung der extremistischen Rhetorik seitens der Mainstream-Jugendgruppen. Die Neigung zu Gewalt, Aggression, Nationalismus und Xenophobie geht dabei über die ultranationalistischen Jugendlichen hinaus. In den 1990er Jahren entwickelte sich der Rechtsextremismus von russischen Jugendlichen parallel zu den faschistischen Parteien, wie z. B. der *Russischen Nationalen Einheit*[1] oder der *National-Bolschewistischen Partei*[2], und organisierte sich in einer eigenen Subkultur, vorwiegend in Form von rechtsextremen Skinhead-Gruppen.

Die Szene wurde in den letzten Jahren durch einen enormen Zuwachs ihrer Anhängerschaft geprägt. Die Zahl der rechtsextremen Skinheads verdreifachte sich innerhalb von zwei Jahren (2002-2004), und im Jahre 2007 ging man bereits von 60.000 bis 70.000 aktiven Rechtsextremen aus, wodurch Russland als das Land mit der aktivsten rechtsextremen Szene weltweit charakterisiert wurde.[3] Obwohl St. Petersburg und Moskau die Hauptzentren bilden, durchdringt die rechtsextreme Jugendszene die russischen Provinzen mit faschistischem Ideengut. Die Szene wird darüber hinaus durch staatliche Institutionen schwerer kontrollierbar, was vor allem auf den Rückgang der organisatorischen Strukturierung und der Maskierung ihrer Organisationen als ‚harmlose' gesellschaftspolitische Vereinigungen zurückzuführen ist.[4]

Lange Zeit wurden die rechtsextremen Jugendgruppen latent von der Regierung unterstützt. Die Erkenntnis darüber, dass die Szene zu einer schwer kontrollierbaren Bewegung herangewachsen ist, erwachte erst im Jahre 2005 mit dem öffentlichen Zugeständnis Putins, in Russland gäbe es ein rechtsextremes Problem. Dabei wird der Staat beschuldigt, immer mehr rechtsextremistische Bewegungen zu tolerieren und zu unterstützen: „Staatsideologie und rechtsextremistisches Gedankengut ergänzen sich offenbar"[5], und man spricht sogar von einem Verlust der Kontrolle über die rechte

[1] Original: Русское Национальное Единство, РНЕ (Russkoe Nacional'noe Edinstvo, RNE).
[2] Original: Национал-Большевистская Партия, НБП (Nacional-Bol'ševistskaja Partija, NBP).
[3] Vgl. Umland (2004), in: Russlandanalysen, Nr. 23, S. 3.
[4] Vgl. Umland (2004), in: Russlandanalysen, Nr. 23, S. 3.
[5] Europe Online (2011): Die Glut des Hasses. Russlands Neonazis im Aufwind.

Szene. Augenscheinlich hat die Regierung dem Rechtsextremismus und der Fremdenfeindlichkeit den Kampf angesagt, und dennoch blieben die Sanktionen, um dieser Entwicklung entgegenzuwirken, bis zum letzten Jahr eher ‚harmlos'. Gründe für das Erstarken rechtsextremer Elemente liegen hierbei vor allem auch in den gesellschaftspolitischen Gegebenheiten: „Fehlendes Vertrauen der Bevölkerung in die politischen Parteien, eine anwachsende Korruption, unpopuläre Reformen, soziale Unzufriedenheit, eine stark gestiegene Migration, aber auch der Staatsverlust Russlands als Großmacht und Bestrebungen des Kremls, diesen Status wiederzuerlangen, sind Gründe für die fremdenfeindliche Stimmung im Land."[6]

In den gesellschaftspolitischen sowie behördlichen Strukturen existiert die Tendenz, Fremdenfeindlichkeit und Rechtsextremismus als Mittel für die Diffamierung politischer Gegner auszunutzen, woraus die Gleichsetzung der Oppositionellen mit Faschisten resultiert.[7] Unverkennbar ist hier die Tradition der Verwendung des Begriffs *Faschist*[8] für die Stigmatisierung eines Feindbildes seitens der Regierung. Demnach gelten nicht nur rechtsextremistische Gruppen als faschistische, sondern auch liberale und kommunistische Gruppen.

Entscheidend hat sich das Motiv der rechtsextremen Gruppierungen in den letzten Jahren geändert: Waren am Anfang vor allem antisemitische Parolen zu vernehmen, bekämpfen sie heute zunehmend illegale Migranten und Menschen aus den ehemaligen Sowjetrepubliken. Hier überwiegen die gewalttätigen und mörderischen Angriffe auf Russen und Immigranten, insbesondere aus den früheren südlichen und zentralasiatischen Sowjetrepubliken, auf Roma, Juden, Schwule, Lesben, ausländische Studenten aus Asien, Afrika und Lateinamerika, auf Menschenrechtsaktivisten und antifaschistische Aktivisten.[9]

Darüber hinaus kann man eine Wandlung in der ultrarechten Bewegung beobachten, die vor allem dadurch gekennzeichnet ist, dass die zwei größten rechtsextremen Organisationen, der *Slavische Bund* und die *Bewegung gegen illegale Immigranten,*

---

6 Siegl (2005), in: Russlandanalysen, Nr. 75, S. 2.

7 Vgl. Siegl (2005), in: Russlandanalysen, Nr. 75, S. 3.

8 Im sowjetischen Kontext war der Begriff *Faschismus* eine so genannte Kampfvokabel, die je nach Belieben auf verschiedene Erscheinungen übertragen werden konnte. Somit wurden alle Jugendkulturen, die sich nicht an der ideologischen Doktrin der KPdSU orientierten, ebenso benannt (diffamiert). Darüber hinaus ist der Begriff *Faschist* wegen der „Gräueltaten der Nazis im Zweiten Weltkrieg in den Augen der meisten Menschen in Russland äußerst negativ belegt und steht für eine antirussische Gesinnung" (Vgl. Siegl (2005), in: Russlandanalysen, Nr. 75, S. 3).

9 Vgl. Atkinson (2007), in: Rheinische Zeitung, Online-Flyer Nr. 113, S. 2.

verboten wurden. Auch spielt die aktive Verfolgung der Rechtsextremen durch die Justiz und die daraus folgende latente Eindämmung der Szene eine große Rolle.[10]

Diese Studie gibt einen Einblick in die rechtsextreme Lebenswelt von russischen Jugendlichen und zeichnet die Vielgestaltigkeit dieser politischen, kulturellen und auch sozialen Strömung nach. Die Einführung in die Entwicklung des Rechtsextremismus in Russland ist ebenso von Bedeutung wie die gegenwärtigen gesellschaftspolitischen und sozialen Rahmenbedingungen im heutigen Russland. Zum Schluss wird die Frage gestellt, ob sich der Rechtsextremismus auf den jugendkulturellen bzw. subkulturellen Bereich begrenzt, oder ob dieser bereits im jugendlichen bzw. (gesellschafts-)politischen Mainstream verankert ist.

[10] Judina /Al'perovič (2011): Громкие процессы и ультраправые новообразования (Gromkie processy i ul'trapravye novoobrazovanija).

1 Theoretische Grundlagen

1.1 Jugendkulturen als Ausdruck einer Lebenswelt

Heutzutage geht die Jugendforschung davon aus, dass Jugendliche sich mit Subkulturen in der Zeit zwischen Kindheit und Erwachsenwerden beschäftigen. Demzufolge werden die Begriffe *Jugendkultur* und *Subkultur* weitestgehend synonym angewendet. Der deutsche Reformpädagoge Gustav Wyneken definierte erstmals den Begriff *Jugendkultur* über die Funktion der Schule hinaus und erweiterte ihn um jegliche kulturelle Aktivitäten und Stile der Jugendlichen, die sich in einer gemeinsamen Kulturszene bewegen.[11]

Darüber hinaus werden Jugendkulturen vorwiegend von Massenmedien durch die Vermittlung von so genannten *Trends* beeinflusst. Nach Hagedorn werden Jugendkulturen heute als „Handlungstheater, auf deren Bühnen Jugendliche eine amouröse Berührung mit dem eigenen Selbst erfahren und auf deren Brettern das zukünftige Leben inszeniert, aufgeführt und ausprobiert werden kann“[12], definiert. Durch die globalen Veränderungen der letzten Jahrzehnte hat sich auch die Gestaltung und Bedeutung von Jugendkulturen verändert. Sie unterliegen vor allem politischen, wirtschaftlichen, sozialen oder gesamtgesellschaftlichen Einflüssen. Demnach werden moderne Jugendkulturen vor allem von den sozialen und kulturellen Rahmen- und Lebensbedingungen beeinflusst und sind als Resultat von der Individualität des Jugendlichen abhängig und werden darüber hinaus von ihrer gegenwärtigen psychischen Verfassung bestimmt.

Die Bedeutung und Vielgestaltigkeit der russischen Jugendkulturszenen hat sich seit der Perestrojka entscheidend verändert. Die heutige russische Jugend hat ein vielfältiges Kultur- und Freizeitangebot und verfügt über mehr Gestaltungsspielraum. Sie agiert als Spiegel der Gesellschaft und fungiert für den Staat sowohl als Subjekt als auch Objekt, und darüber hinaus identifiziert sie sich mit politischen Gruppen über kulturelle und subkulturelle Symbole.[13] Die Zugehörigkeit zu einer Jugendkultur entscheidet sich über verschiedene Elemente, wie z. B. der gesellschaftlichen, sozialen und politischen Lage sowie der politischen Einstellung und demographischen Gegebenheiten. Der Zugang in die jeweilige Jugendkultur ist durch verschiedene

[11] Vgl. Wyneken (1914), in: Spiegel.
[12] Hagedorn (2008), S. 13.
[13] Vgl. Siegert (2006), in: Politischer Jahresbericht. Länderbüro Russland, S. 12.

Merkmale charakterisiert, wie z. B. die Suche nach Identität und Selbstverwirklichung, ihre politischen Ansichten und gesellschaftlichen Verhältnisse, aber auch Interessen, wie Musik, Literatur, Sport. Die russischen Jugendlichen erhalten durch die Jugendkulturen ihren individuellen Handlungsspielraum für die persönliche Entwicklung und Gesinnung. Durch die Wahl der Jugendkultur statuiert der Jugendliche somit, z. B. einen Protest gegen das politische System, gegen die gesellschaftlichen Bedingungen, das Missfallen bestimmter Musikrichtungen, Kleidungsstile, aber auch die sexuelle Orientierung, um sich vom so genannten *Mainstream*[14] abzugrenzen und stellt u. a. ein Gegengewicht mit bestimmten Einstellungen, Merkmalen oder gar Ideologien dar.

Viele heutige Jugendkulturen haben ihre Wurzeln im Zusammenhang mit dem Begriff *Subkultur*. Unter Subkultur versteht man „eine kulturelle Gruppierung bzw. Untergruppierung mit jeweils eigenen Merkmalen, Eigenschaften, Interessen, ein eigenes Ziel, das die Gruppenmitglieder verfolgen.“ [15] Weiter versteht man unter Subkultur „die sozialen, kulturellen etc. Eigenarten bestimmter gesellschaftlicher (Sub- oder Teil-) Gruppen, wie sie je nach Geschlechts-, Alters-, Berufs-, ethnischer, religiöser oder sozialer Zugehörigkeit gesucht werden. Die Ausbildung von neuen (und ggf. die Auflösung alter) Subkulturen ist charakteristisch für moderne pluralistische Gesellschaften.“[16]

Die Substitution des Begriffs *Subkultur* durch *Jugendkultur* wird durch einen weiteren Begriff *Alternativkultur* im Sinne der Jugendkulturforschung ergänzt. Während die Ablösung des Begriffs *Subkultur* durch *Alternativkultur* bzw. *Jugendkultur* in den westlichen Ländern in den Vordergrund tritt, wird er in Russland noch weitestgehend gebraucht. Der Begriff *Jugendkultur* umfasst die Vielfalt der jugendlichen Gruppierungen, die vor allem unterhalb der allgemein gesellschaftlich anerkannten Kultur

---

14 Der jugendliche *Mainstream* charakterisiert Einstellungen und Verhaltensweisen der *breiten Masse* der Jugend. Der Mainstream kann sich Verhaltensweisen annehmen, die u. a. einen politischen, kulturellen, modischen oder ideologischen Charakter besitzen. Wichtig bei der Definition des Mainstream ist es, dass er eine „Hauptströmung, nicht irgendwelche Subkulturen oder Nischenideologien bezeichnet“ (Vgl. Dyden.de (2007)). Somit liegt der Mainstream auch in der Abgrenzung zur Subkultur, da er als *Hochkultur* oder *Allgemeinkultur* benannt wird. Somit bildet der Mainstream sich über die Orientierung, z. B. im politischen Sinne, an den Eliten (z. B. Politiker), die bestimmte Haltungen vorleben und diese von der Allgemeinheit übernommen werden (Vgl. Dyden.de (2007)).

15 Stangl.eu (2008), in: Pädagogik-News.

16 Schubert /Klein (2006), in: Bundeszentrale für politische Bildung (bpb).

liegen.[17] Der Begriff *alternativ* wird in Russland nicht mehr nur im engeren Sinne gebraucht, sondern „erstreckt sich auf alle Szenen und Zusammenschlüsse, die den unterschiedlichen Segmenten des weltanschaulich-kulturellen Spektrums angehören und sich bewusst vom Mainstream absetzen."[18]

> Den Begriff ‚Subkultur' jedoch schienen Presse und Soziologen einige Zeit vermeiden zu wollen, denn es war unbegreiflich, wo bei einer Jugend, aufgewachsen in einer Gesellschaft, die lange Jahre nach vollendeter sozialer Homogenität strebte, eine wie auch immer geartete autarke Lebensart herrühren sollte, basierend auf spezifischen Werten, die sich nicht selten unterscheiden von den Prioritäten der ‚erwachsenen' Welt.[19]

Alternative Formen von Jugendkulturen, die sich vom Mainstream abgrenzen, sind z. B. Protest- bzw. Widerstandskulturen. Diese Formen haben nicht „die veränderte Gesellschaft, sondern vielmehr die eigene Lebenspraxis zum zentralen Bezugspunkt und orientieren sich somit stark am gesellschaftlichen System, von dem man sich doch gerade distanziert."[20] Hierbei ist Protest als ein offensives und abweichendes Verhalten zu verstehen, der auf ein Stören der bestehenden Ordnung und Gewohnheit abzielt.[21] Diesen Protest kann man vielgestaltig ausdrücken – abweichendes Verhalten, abweichende Kleidung und Aussehen, Verwendung von bestimmten Symbolen, Gewaltbereitschaft, Sprache, Haltung bis hin zur Einstellung. Ebenso ordnet man zu den Formen alternativer Jugendkulturen die Gegenkulturen. Darunter versteht man vor allem „soziale Gruppen, deren Anhänger die bestehenden Normen und Werte der vorherrschenden Gesellschaft ablehnen."[22] Nach Ferchhoff ist die Relation der Begriffe *Gegenkultur* und *Subkultur* schwer voneinander abgrenzbar, da sie sich oftmals „überkreuzen und sich vielfach mischen."[23] Ferchhoff sieht die Brisanz im Aufkommen von Gegenkulturen vor allem „in Zeiten eines drastischen sozialstrukturellen Wandels, wie er etwa durch erhebliche demographische Verschiebungen, durch grundlegende technologische Wandlungen, durch Markterweiterungen und neue gesellschaftliche transnationale Interaktionsmuster bewirkt wird und dadurch die kulturelle Balance in Unordnung gerät."[24]

---

17 Zimmermann (2000), S. 13.
18 Omeltschenko (2005), in: Kultura, Nr. 2/2005, S. 2.
19 Andrejewna et al. (1994), in: Schlott (1994), S. 135.
20 Baacke (1999), S. 23.
21 Roth /Rucht (2000), S. 54.
22 Reinecke (2007), S. 99.
23 Ferchhoff (1990), S. 21f.
24 Ferchhoff (1990), S. 21.

1.2 Das Phänomen des Rechtsextremismus

Vor allem in der Forschung wird der Begriff *Rechtsextremismus* meist unterschiedlich und oft unzureichend definiert. Der Begriff lässt sich dabei von dem Begriff *Extremismus* herleiten. Jaschke definiert den Begriff des Extremismus als „politischen Kampfbegriff, der zur Ausgrenzung politischer Gegner dient, der sich offenbar nur in Bezug auf etwas anderes, etwa die Mitte der Gesellschaft oder die *political correctness* definiert, welche als extreme Abweichung von Normalität oder common sense zu verstehen ist."[25] Nach Backes und Jesse fungiert der Terminus *Extremismus* als eine „Sammelbezeichnung für unterschiedliche politische Gesinnungen und Bestrebungen, die sich in der Ablehnung des demokratischen Verfassungsstaates und seiner fundamentalen Werte und Spielregeln einig wissen."[26] Neben dem juristischen Zugang fügt Backes einen psychologischen Zugang an, der sich vor allem mit Eigenschaften wie Dogmatismus, Utopismus und kategorischen Utopieverzicht, Freund-Feind-Stereotype, Verschwörungsdenken, Fanatismus und Aktivismus überschneidet.[27]

Um den Begriff *Rechtsextremismus* vom Begriff *Extremismus* abzugrenzen, erklärt Winkler wie folgt:

> Wird Extremismus als Gegensatz zum demokratischen Verfassungsstaat oder als Antithese zum Pluralismus aufgefasst, bezieht sich der Begriff des Rechtsextremismus auf bestimmte politische Prinzipien bzw. Regeln. Bezeichnet er die Links-Rechts-Dimension, meint er spezifische politische Ziele und Inhalte [...] Betont er die psychologische Grundausstattung ihrer Träger, zielt er auf Persönlichkeitsmerkmale.[28]

Diese Persönlichkeitsmerkmale, die im rechtsextremen Überzeugungssystem verankert sind und zur Charakterisierung einer rechtsextremen Persönlichkeit dienen, werden z. B. anhand neun Dimensionen unterschieden: Konventionalismus (starre Bindung an die konventionellen Werte des Mittelstandes), autoritäre Unterwürfigkeit, autoritäre Aggression, Anti-Intrazeption (Abwehr des Subjektiven), Aberglaube und Stereotype (rigides Denken), Machtdenken (übertriebene Zurschaustellung von Stärke), Destruktion und Zynismus (allgemeine Feindseligkeit, Diffamierung des Menschlichen), Projektivität (Disposition, an gefährliche Vorgänge zu glauben), Se-

---

[25] Jaschke (2006), S. 16.
[26] Backes /Jesse (1993), S. 40.
[27] Vgl. Backes (1989), S. 289ff.
[28] Winkler (2000), in: Schubarth /Stöss (2000), S. 45.

xualität.[29] Eine weitere Charakterisierung eines Rechtsextremisten führt zu folgenden Merkmalen: aggressive Grundeinstellung gegenüber Minderheiten, die Betonung von Zucht und Ordnung, eine Überbetonung von Männlichkeit und das Verlangen nach einem starken Führer.[30]

Um den Begriff terminologisch auf seinen Kern zu reduzieren, kann man nach Kulick und Staud den Begriff *Rechtsextremismus* wie folgt definieren:

> Der Rechtsextremismus ist ein Einstellungsmuster, dessen verbindendes Kennzeichen Ungleichwertigkeitsvorstellungen darstellen. Diese äußern sich im politischen Bereich in der Affinität zu diktatorischen Regierungsformen, chauvinistischen Einstellungen und einer Verharmlosung bzw. Rechtfertigung des Nationalsozialismus. Im sozialen Bereich sind sie gekennzeichnet durch antisemitische, fremdenfeindliche und sozialdarwinistische Einstellungen.[31]

Weiter ist Rechtsextremismus „eine antimodernistische, auf soziale Verwerfungen, industriegesellschaftlicher Entwicklung reagierende, sich europaweit in Ansätzen zur sozialen Bewegung formierende Protestform.“ [32] Butterwegge ergänzt weiter: „Rechtsextrem nennen wir Strömungen und Bestrebungen, die – häufig unter Androhung und /oder Anwendung von Gewalt – demokratische Grundrechte einzuschränken bzw. ganz abzuschaffen, in der Regel sozial benachteiligte, sich aufgrund körperlicher Merkmale wie Hautfarbe, Körperbau oder Haarbeschaffenheit, der Herkunft, weltanschaulichen, religiösen oder sexuellen Orientierung nach unterscheidbare, von der gültigen ‚Standardnorm‘ abweichende Minderheiten auszugrenzen, auszuweisen oder – im Extremfall – auszurotten und jene Kräfte auszuschalten oder zu schwächen suchen, die für deren Integration, das Ziel der gesellschaftlichen Emanzipation und Mechanismen demokratischer Partizipation eintreten.“[33] Bauer zitiert Hans-Gerd Jaschke, der den Begriff des Rechtsextremismus in seiner Definition um das Element des Multikulturalismus erweitert:

---

29 Vgl. Winkler (2000), in: Schubarth /Stöss (2000), S. 45f.
30 Vgl. Winkler (2000), in: Schubarth /Stöss (2000), S. 45.
31 Kulick /Staud (2009), S. 14f.
32 Jaschke (1994), S. 31.
33 Butterwegge /Meier (2002a), S. 22.

> [...] Unter Rechtsextremismus verstehen wir insbesondere Zielsetzungen, die den Individualismus aufheben wollen zugunsten einer völkischen, kollektivistischen, ethnisch homogenen Gemeinschaft in einem starken Nationalstaat und in Verbindung damit den Multikulturalismus ablehnen und entschieden bekämpfen.[34]

Das wichtigste ideologische Element stellt wohl der *Nationalismus* dar, welcher jedoch vom *Patriotismus* zu unterscheiden ist. Dabei stellen Nationalismus und Patriotismus Formen dar, „in denen sich Menschen und Gesellschaften über ihr Zusammenleben verständigen und zeigen zugleich ein Bedürfnis an, um eine faktisch bestehende Beziehung zwischen unterschiedlichen Menschen in Stadt, Land und Staat als Moment der Zugehörigkeit und Verbundenheit identifizierbar und damit auch von anderen Gruppen und Gesellschaft unterscheidbar zu machen."[35] Nationalismus definiert sich auch über so genannte *Freund-Feind-Deklarierungen* und kann nach außen oder nach innen wirken und wenn „Nationalismus sich mit ethnischen, völkischen und rassischen Attributen paart, wendet er sich auch gegen einen Feind im Inneren."[36] Der Nationalismus kann auf einer gewissen Art mehr als ‚Kampfbegriff' fungieren, welcher Vorstellungs- und Deutungswelten von Mitgliedern einer politischen Gemeinschaft bezeichnet und sich darüber definiert, wer dem zugehörig ist.[37] Ivanov bestimmt den Begriff des Nationalismus als „übersteigerte, aggressive Form des nationalistischen Bewusstseins und als eine Ideologie, die auf der Grundlage eines Nationalbewusstseins den Gedanken der Nation und des Nationalstaates militant nach innen und außen vertritt [...] Der Nationalismus sieht in der eigenen Nation den höchsten Wert."[38]

Der Begriff *Antisemitismus* geht auf das 19. Jahrhundert zurück. Demnach umfasst der Begriff des Antisemitismus alle Erscheinungsformen der Judenfeindschaft, wie z. B. die religiöse, rassistisch motivierte oder die ökonomisch begründete Judenfeindschaft. Der Begriff *Antisemitismus* wurde im Jahre 1879 von Wilhelm Marr geprägt und gewann eine scharfe und beispiellose Bedeutung im Nationalsozialismus, bevor er nach der Niederlage Nazideutschlands vor allem im westlichen Europa an Intensität verlor. Heute begreift man Antisemitismus als „eine bestimmte Wahrnehmung von Juden, die sich als Hass gegenüber Juden ausdrücken kann. Der Antisemitismus

---

34 Bauer (2011), in: Österreichische Gesellschaft für Politikberatung und Politikentwicklung – ÖGFP, S. 8.
35 Kulick /Staud (2009), S. 110.
36 Kulick /Staud (2009), S. 111.
37 Vgl. Kulick /Staud (2009), S. 111.
38 Ivanov (1996), S. 25.

richtet sich in Wort oder Tat gegen jüdische oder nicht-jüdische Einzelpersonen und /oder deren Eigentum, sowie gegen jüdische Gemeindeinstitutionen oder religiöse Einrichtungen.“[39]

Ein weiteres Element stellt der *(Neo-)Rassismus* dar und wird dadurch definiert, dass er „Menschen nicht als Individuen behandelt, sondern als Angehörige einer Gruppe – und er unterstellt, dass aus dieser Gruppenzugehörigkeit sich unveränderliche Eigenschaften, Fähigkeiten oder Charakterzüge ableiten.“ [40] Es beschreibt ferner ein „gesellschaftliches Macht- und Gewaltverhältnis, eine Weltanschauung, die Rangunterschiede zwischen Menschengruppen pseudowissenschaftlich zu rechtfertigen sucht (intellektueller Rassismus) sowie Vorurteile eines Großteils der Bevölkerung gegenüber ethnischen Minderheiten und deren darauf basierende Diskriminierung.“ [41] Ferner lässt sich festhalten, dass „Rassismus dort beginnt, wo körperliche Merkmale oder kulturelle Spezifika einer bestimmten Großgruppe so mit deren ‚inneren Werten‘ in Verbindung gebracht werden, dass man den Gruppenmitgliedern die Möglichkeit zur Entwicklung ihrer eigenen Persönlichkeit abspricht.“[42] Hierbei zeigt sich Rassismus z. B. in privaten Vorurteilen, in staatlicher Diskriminierung, aber auch in Gewalttaten oder Völkermord.

In diesem Zusammenhang ist auch der *Ethnozentrismus* zu nennen, welcher die „eigene Überlegenheit für ein zu vermittelndes Gut hält und eher zu der Annahme neigt, andere Völker bzw. Volksgruppen müssten sich assimilieren.“[43] Der Ethnozentrismus spielt als ideologisches Element des Rechtsextremismus eine ebenso bedeutende Rolle. Dieser basiert auf historisch-kulturellen bzw. biologischen Eigenschaften und wird wie folgt definiert: „Er beinhaltet ein stereotypes negatives Bild und feindselige Einstellungen gegenüber Fremdgruppen, ein stereotypes positives Bild und unterwürfige Einstellungen gegenüber der Eigengruppe und eine hierarchisch autoritäre Betrachtungsweise der Gruppeninteraktion, in der Eigengruppe als zurecht dominierend, Fremdgruppen untergeordnet auftreten.“[44]

Das Element *Fremdenfeindlichkeit* löst den Begriff *Ausländerfeindlichkeit* ab und bezieht sich „auf die latent ablehnende, aber auch die öffentlich demonstrierte

---

39 European Forum on Antisemitism (2008): Arbeitsdefinition Antisemitismus.
40 Kulick /Staud (2009), S. 24.
41 Butterwegge /Meier (2002a), S. 15.
42 Butterwegge /Meier (2002a), S. 16.
43 Butterwegge /Meier (2002a), S. 16.
44 Sellmeier (2006), in: Kloninger (2006), S. 16.

aggressive Abwehr des Fremden und eine Politik der Abschottung von Lebensräumen“ [45] und erinnert nach Jaschke „an politische Ausformungen historisch vorangegangenen, anthropologisch begründbaren Ängsten der Einheimischen vor den Fremden.“[46] Die Ablehnung des Fremden zeigt sich dabei nicht nur in Diskriminierungen, die ethnisch konnotiert sind, sondern auch gegenüber allem Fremden, wie z. B. dem Fremden im Allgemeinen, gegenüber dem Fortschritt und der Technologie, und kann zu einem „Protest gegen das Tempo und die sozialen Verwerfungen von Modernisierungsprozessen“ [47] führen. Butterwegge ergänzt den Begriff *Fremdenfeindlichkeit* durch den verwandten Begriff *Xenophobie* und verweist somit auf „einen Kausalzusammenhang zwischen der Furcht vor und der Feindlichkeit gegenüber ‚Fremden‘, womit sich die These verbindet, gemeint sei etwas Natürliches und biologisch Vorgegebenes, also nicht etwa sozial Gelerntes und Veränderbares.“[48]

Weitere Elemente sind der *(Geschichts-)Revisionismus* (vor allem in Bezug auf den Nationalsozialismus und dessen Verharmlosung) und der *Antiamerikanismus*[49], der *Sexismus*, d. h. die Diskriminierung aufgrund des Geschlechts, der *Autoritarismus* im Sinne der Befürwortung einer Diktatur, der *Militarismus* als „Vorherrschaft militärischer Wertvorstellungen und Ziele in der Politik und im gesellschaftlichen Leben, wie sie bspw. durch die einseitige Betonung des Rechts des Stärkeren und die Vorstellung, Kriege seien notwendig oder unvermeidbar, zum Ausdruck kommen oder durch ein strikt hierarchisches, auf Befehl und Gehorsam beruhendes Denken vermittelt werden. Dieser äußert sich z. B. durch (häufige, groß angelegte) öffentliche Aufmärsche oder die Organisation vielfältiger vor- und paramilitärischer Ausbildungen.“[50]

[45] Jaschke (1994), S. 64.
[46] Jaschke (1994), S. 64.
[47] Vgl. Jaschke (1994), S. 65f.
[48] Butterwegge /Meier (2002), S. 14.
[49] Der *Antiamerikanismus* galt neben dem *Neoeurasismus* (Vgl. Kapitel 2.5) als elementarer Bestandteil im außenpolitischen Denken in Russland und erhielt seine Brisanz vor allem in den Intellektuellen-Diskursen der 1990er Jahre, welche u. a. Bestandteile der Ideologie Aleksandr Dugins war (Vgl. hierzu: Umland (2008), in: Russlandanalysen, Nr. 174, S. 11-14).
[50] Schubert /Klein (2006), in: Bundeszentrale für politische Bildung (2006).

2 Die Entwicklung des Rechtsextremismus in Russland

Der Rechtsextremismus ging in Russland aus seinem stärksten ideologischen Element hervor – dem Nationalismus. Der Nationalismus erwies sich dabei als eine ideologische Kraft und erhielt aufgrund des postsowjetischen, politischen und ideologischen Vakuums Anfang der 1990er Jahre neuen Aufwind[51], denn erst „nach dem Zerfall der offiziellen Sowjet-Ideologie konnte traditionelles rechtes Gedankengut wieder offen propagiert werden.“[52]

Ivanov spricht von einem russischen Patriotismus, welcher das russische Geistesleben bestimmt, da nach seiner Ansicht der Begriff des Nationalismus „nur ‚völkisch‘ Gesinnte, nicht aber Anhänger einer strengen und mächtigen Staatsorganisation oder Anhänger der forcierten technokratischen Entwicklung“[53] bezeichnet. Dabei zählt er fünf Besonderheiten der seelischen Befindlichkeit der Russen auf, die bei den Russen ‚Liebe zur Heimat‘ und bei den Forschern *Nationalismus* heißt, u. a.:[54]

- der religiöse Charakter in Form der Orthodoxie und anderer religiöser Gefühlsäußerungen bis hin zum aktiv altslavischen heidnischen Glauben;
- dem russischen Nationalismus fehlt das Element *Fremdenhass*;
- die Rede von der Überlegenheit des russischen Volkes im moralischen Sinn und nicht in rassentheoretischer oder intellektueller Hinsicht;
- die Mission Russlands und
- die Liebe zur Heimat als ein Abstrakt.

Hierbei lässt sich nachzeichnen, dass das Element des ‚extremen‘ russischen Nationalismus keine Erscheinung unserer Zeit ist, was zeigt, dass es in Russland immer einen Hang zu radikalem Extremismus und Führerpersönlichkeiten gab.[55]

---

51 Vgl. Beyme (1996), in: Falter et al. (1996), S. 425.
52 Laqueur (1995), S. 8.
53 Ivanov (1996), S. 22.
54 Vgl. Ivanov (1996), S. 27f.
55 Vgl. Stadler (1997), S. 59.

2.1 Die Entstehung erster extremer Bewegungen bis zur Perestrojka

Bereits in der ersten Hälfte des 20. Jahrhundert trat ein Phänomen zutage, welches eine so genannte Abart des russischen Patriotismus darstellte – die *Schwarzhunderter*.[56] Schwarzhunderter war eine Bezeichnung für monarchistisch-nationalistische Organisationen des Russischen Reiches, die sich vor allem in der Zeit der russischen Revolution hervortat und in ihrer Organisation erste rechtsgerichtete Kräfte versammelte, welche sich insbesondere von den Nationalisten durch die Ablehnung von Rassenstreits- und Rassenüberlegenheitsdoktrinen unterschieden.[57] Charakteristisch für die Schwarzhunderter war die Anlehnung an ein starres und reaktionäres Wertesystem in Form von Rechtgläubigkeit, Autokratie und Volkstümlichkeit, während die Nationalsozialisten eine Veranlagung zu einem demagogischen Werterelativismus hatten.[58]

Die *Schwarze Hundert* hat ihren Ursprung in „der Bezeichnung kleinbürgerlicher Landwehren zur Zeit des Moskauer Staates, die neben den regulären Truppen oder an ihrer Stelle für die Abwehr der Kriegsgefahr, insbesondere in der unruhigen Zeit am Anfang des 17. Jahrhunderts, verwendet wurden. Die Landwehren wurden als *schwarz* bezeichnet, weil zu ihnen die Vertreter des gemeinen Volkes gehörten."[59] Als erstes trat unter die Schwarze Hundert die politische Organisation *Russische Versammlung* auf, welche sich mit der Pflege der russischen Volkskultur befasste und in dieser Tradition folgten weitere, u. a. der *Verband der Russischen Menschen*, der *Rat des Vereinigten Adels*, die *Monarchistische Partei* sowie die *Union der Russischen Völker*, die auch einen innenpolitischen Einfluss verzeichnen konnte.[60]

Eine weitere Organisation war die *Russische Faschistische Organisation*[61], die später in die *Russische Faschistische Partei*[62] umbenannt wurde, welche vor allem vom deutschen und italienischen Faschismus inspiriert wurde: Sie trugen Uniformen, Hakenkreuze und arbeiteten darüber hinaus vermehrt gegen die Sowjetunion. Neben dieser Partei entstand auch im Jahre 1930 der *Nationale Bund der Arbeit der neuen*

---

56 Vgl. Ivanov (1996), S. 42.
57 Ivanov, S. 278.
58 Vgl. Ivanov, S. 278.
59 Vgl. Ivanov, S. 278.
60 Vgl. Ivanov, S. 278.
61 Original: Всероссийская Фашистская Организация (Vserossijskaja Fašistskaja Organizacija).
62 Original: Российская Фашистская Партия (Rossijskaja Fašistskaja Partija).

Generation[63], dessen Hauptziel vor allem die Fortführung des Kampfes für die «Weiße Idee» war, und darüber hinaus sie kämpften für ein großes und starkes Russland, für die Freiheit der Bauern und deren Befreiung vom Kolchossystem.[64] Der NTS bejahte insbesondere den Faschismus, kopierte ihn jedoch nicht. Ihre Ideologie war nicht totalitär, sondern eher autoritär; er betrieb keinen Führerkult und lehnte die antichristliche Haltung der Nazis ab.[65] Der NTS war zu seinen Zeiten sehr aktiv, dennoch hatten sie keinen merklichen Einfluss verzeichnen können.

Anfang der 1980er Jahre kam es mit *Pamjat'*, ein Sammelbegriff für mehrere rechtsextreme Gruppen, zu einer weiteren Erscheinung einer rechten Vereinigung, die anfangs hauptsächlich aus verschiedenen patriotischen Gruppen bestand und sich vor allem kultureller Aktivitäten, wie z. B. der Restaurierung alter Baudenkmäler usw., widmeten.[66] Ihre anfängliche Propaganda wurde von einer antijüdischen bestimmt, bei welcher oft u. a. die *Protokolle der Weisen von Zion* zitiert wurden. Viele *Pamjat'*-Anhänger waren auch Mitglieder der *Kommunistischen Partei.* Die Leistungen der *Pamjat'* beschränkten sich u. a. auf die Anti-Alkohol-Kampagne unter Gorbačëv sowie dem Schutz vom Abriss bedrohter historischer Gebäude.[67] Die *Pamjat'*-Bewegung erlangte schnell mediales Interesse, welches dazu führte, dass viele Mitglieder aus der KPdSU ausgeschlossen wurden. Gründe für die Attacken auf die Mitglieder seitens der Presse waren u. a. „die Anbändelung mit der Religion, die Abkehr vom Marxismus-Leninismus und die Gleichsetzung mit einer faschistischen Partei."[68]

Die Bewegung fiel einer Schwächung zum Opfer und es bildeten sich bis zu zwanzig kleine Gruppen heraus, z. B. *Pamjat' 2,* die vor allem auf dem Gebiet der „patriotischen Massenaufklärung und des Kampfes gegen die Freimaurergefahr"[69] aktiv waren. Insbesondere agierte die Gruppe *Pamjat' 2* gegen „die Gefahr des roten Zionismus in Gestalt des Marxismus."[70]

---

63 Original: Национальный Трудовой Союз Нового Поколения (Nacional'nyj Trudovoj Sojus Novogo Pokolenija). Ihre Doktrin bestand in dem Solidarismus, unter welchem sie eine Synthese aus Aktivismus, Idealismus und Nationalismus sahen. Im Nationalsozialismus sahen sie somit einen Weg für die Umsetzung des Solidarismus (Vgl. Laqueur (1995), S. 118).
64 Vgl. Laqueur (1995), S. 117.
65 Vgl. Laqueur (1995), S. 120f.
66 Vgl. Laqueur (1995), S. 257.
67 Vgl. Ivanov (1996), S. 261f.
68 Ivanov (1996), S. 263.
69 Ivanov (1996), S. 264.
70 Ivanov (1996), S. 264f.

Die meisten abgespaltenen Gruppen arbeiteten jedoch gegen den *Pamjat' 1* – Führer, Dmitrij Vassiljev. Bereits im Jahre 1988 machten die Liberalen mit einer Forderung unter Berufung auf Paragraph 74 des sowjetischen Strafgesetzbuches (Anstiftung zum Rassenhass) auf ein Vorgehen durch die Behörden gegen *Pamjat'* aufmerksam.[71] Vassiljev fiel vor allem durch die Dekoration mit SS-Symbolen sowie mit zaristischen Attributen auf und demaskierte sich im Jahre 1992 selbst als Monarchist und Faschist.[72] Die *Pamjat' 1*-Gruppe bekam schnell Konkurrenz aus den eigenen Reihen nach der Abspaltung kleiner Gruppen. Aus der *Pamjat' 2*-Gruppe ging später z. B. Aleksandr Dugin hervor. Des Weiteren entstanden aus den *Pamjat'*-Bewegungen Parteien, wie z. B. *die National-republikanische Partei Rußlands*[73] auf der Basis des *Russischen Nationalpatriotischen Zentrums*[74] und die *Russische Nationale Einheit*[75].

Im Zuge von Glasnost und Perestrojka kam es zur Renaissance einiger rechtsextremer Organisationen, welche einen nahrhaften Boden für die Entstehung neuer Parteien und Strömungen schufen. Im neuen Russland entstand ein politisch-ideologisches Vakuum, das insbesondere für rechtsextremistische Strömungen anfällig wurde. In diesem Sinne erschienen gerade in den 1990er Jahren Persönlichkeiten auf der politischen Bildfläche, die dieses Vakuum schließen wollten. Im nächsten Teil dieser Studie sollen somit drei dieser Persönlichkeiten und deren Ideologie vorgestellt werden: Vladimir Žirinovskij, Aleksandr Dugin und Eduard Limonov.

---

71 Vgl. Laqueur (1995), S. 267.

72 Vgl. Schneider (1995), in: BIOst, Nr. 53/1995, S. 4.

73 Original: Национально-республиканская Партия России (Nacional'no-respublikanskaja Partii Rossii).

74 Original: Руссккий Национально-патриотический Центр (Russkij Nacional'no-patriotičeskij Centr).

75 Original: Русское Национальное Единство (Russkoe Nacional'noe Edinstvo).

2.2 Russland nach der Perestrojka als politisch-ideologisches Vakuum

Faschismus beginnt im Kopf – und nicht mit einer Glatze![76]

Nach Hankel handelt es sich bei den postsozialistischen Staaten Osteuropas um so genannte verspätete Nationalstaaten, wobei sich „die Herausbildung eines Nationalbewusstseins ohne Staat vollzog." [77] Merkmal dessen ist vor allem die Vordergründigkeit des ethnischen oder kulturellen Nationsgedankens, auf dem sich das Zusammengehörigkeitsgefühl unabhängig vom politischen Gefüge gebildet hat.[78] Dieser Prozess kann sich durch die Existenz von nationalen Minderheiten sowie externer nationaler Gebiete erschweren und ist infolgedessen anfälliger auf eine rechtsextremistische Mobilisierung.[79]

Für Schneider hat die Empfänglichkeit für rechtsextremistische Parolen in einem Teil der russländischen Bevölkerung verschiedene Gründe:

> Mit einem übertriebenen Nationalismus soll der Zusammenbruch der Sowjetunion kompensiert werden. Der Nationalismus ist die einfachste Form einer Ersatzideologie nach dem Scheitern des Kommunismus. [...] Schließlich ist der Rechtsextremismus ein ebenso demokratiefeindlicher Totalitarismus wie der Kommunismus.[80]

Bereits im Jahre 1995 äußerte sich der damalige Präsident, Boris El'cin, alarmierend über die Entwicklung faschistischer Ideologien und Organisationen und über die Abnahme der russischen Immunität dem Faschismus gegenüber, was darin mündete, dass bereits im selben Jahr ein Erlass über *Maßnahmen zur Gewährleistung abgestimmter Handlungen der Organe der Staatsmacht im Kampf gegen Erscheinungen von Faschismus und anderen Formen des politischen Extremismus in der Russischen Föderation* unterzeichnet wurde.[81]

Auf dieser Grundlage gab El'cin auch eine Klärung des Begriffs *Faschismus* in Auftrag, welche dann wie folgt vorlag:

---

76 Meiners (2001), S. 43.
77 Hankel (2011), S. 19.
78 Vgl. Hankel (2011), S. 19.
79 Vgl. Hankel (2011), S. 19.
80 Schneider (1995), in: BIOst, Nr. 53/1995, S. 4.
81 Vgl. Schneider (1995), in: BIOst, Nr. 53/1995, S. 7.

> Faschismus ist eine Ideologie und Praxis, die die Überlegenheit und die Besonderheit einer bestimmten Nation oder Rasse behauptet, und die zur nationalen Intoleranz auffordert. Sie basiert auf der Diskriminierung anderer Völker, der Zurückweisung der Demokratie, der Schaffung eines Führerkults, der Anwendung von Gewalt und Terror zur Unterdrückung der politischen Feinde – die physische Vernichtung eingeschlossen – sowie der Rechtfertigung des Krieges als Mittel zur Lösung politischer Probleme.[82]

Hierbei stellt sich die Frage: Welche Ursachen hat der Rechtsextremismus im neuen Russland? Wie sieht er aus? Um dies beantworten zu können, haben wir bereits festgestellt, dass der Rechtsextremismus in Russland bereits ein Gerüst hatte, bevor sich die Transformation in der ehemaligen Sowjetunion vollzog und somit keinesfalls eine *Tabula rasa* darstellte.

Nach dem Zusammenbruch des kommunistischen Regimes in der Sowjetunion entstand ein politisch-ideologisches Vakuum, in welches auch rechtsextremistische, rechtspopulistische und nationalistische Strömungen Zugang fanden. Die 1990er Jahre waren eine Periode zunehmender Unruhen in der russischen Bevölkerung und bedingten den Aufschwung des Nationalismus und des radikalen Populismus. Die von Jaschke formulierten Störanfälligkeiten[83] von Demokratie bilden die Grundlage für das Eindringen der oben genannten Strömungen, die vor allem Staaten betreffen, die sich in der Übergangsphase von der Diktatur zur Demokratie befinden und die auf keine stabilen demokratischen Traditionen zurückgreifen können.[84]

Bayer stellt dabei fest, dass die bereits aufgezeigten Elemente des Rechtsextremismus für Russland erweitert werden müssen und zwar um: Antikommunismus, das Schüren ethnischer Konflikte, Antipluralismus, Intoleranz gegen Minderheiten, Antiamerikanismus.[85] Bei der Analyse, warum es nach der Transformation in Russland zu einer

---

82 Schneider (1995), in: BIOst, Nr. 53/1995, S. 8.

83 Des Weiteren benennt Jaschke noch folgende Störanfälligkeiten, die für Russland nicht weniger interessant sind: 1. Eine dauerhafte, nicht auf Lebensphasen beschränkte soziale Desintegration von einzelnen oder bestimmten Gruppen fördert die Ausbreitung des politischen Extremismus. 2. Schwelende und gelöste ethnische und kulturelle Konflikte sind ein besonderes, in der globalisierten, von Migration geprägten Welt wachsendes Problem. 3. Zu starke Repression gegen Extremismus, etwa in der Gesetzgebung zur inneren Sicherheit und der Befugnisse von Sicherheitsbehörden können zur Implosion der Demokratie führen. 4. Zu schwache Repression gegen Extremismus hingegen würde diesem quasi kampflos das Feld überlassen, indem extremistischen Kräften freie Hand gelassen wird zur Abschaffung der Demokratie (Vgl. Jaschke (2006), S. 9f).

84 Vgl. Jaschke (2006), S. 9f.

85 Vgl. Bayer (2002), in: Österreichische Zeitschrift für Politikwissenschaft, ÖZP 31/2002, S. 268.

schnellen Verbreitung des Rechtsextremismus kam, stellt Bayer folgende Gründe heraus:[86]

1. Die Traditionen der Zwischenkriegszeit und deren Konflikte wurden unter der kommunistischen Diktatur eingefroren und unterdrückt.

2. Die Probleme der Transformation an sich, die sich vor allem in der wirtschaftlichen, politischen, sozialen und kulturellen Krise äußerten und bis zu einem Schock führten.

3. Der wiedererstarkende Nationalismus, der als Form einer ideologischen Identifizierung der kollektiven Identität auftritt.

Der Rechtsextremismus ist somit als Begleiterscheinung im Zuge des Modernisierungsprozesses zu sehen, wobei nach Minkenberg die radikalen Reaktionen auf die Zumutungen der Modernisierung zu bewerten sind. Die daraus entstandenen radikalen Rechten übernehmen die Ideologie, mit der sie Stabilität verbinden.[87] Hierbei wird von einer „Romantisierung der letzten stabilen Periode vor Beginn der ‚Moderne'"[88] gesprochen.

Für viele Nationalisten galt die *Nation* als wichtigster Wert und es war deren Hauptaufgabe, die Lage der eigenen *Nation* zu verbessern.[89] Die Romantisierung des Nazismus wurzelt hierbei weit in der sowjetischen Zeit und in der Periode des Zusammenbruchs sicherte der antisowjetische Protest einen massiven Zustrom der Jugend in Parteien und Organisationen, welche den Nazismus stilisierten, wie z. B. die *Russische Nationale Einheit.*[90] Diese kann somit als Beispiel des ‚russischen Faschismus' verstanden werden, da sie die Person Hitlers zwar befürwortete, jedoch die Traditionen des russischen Patriotismus kultivierte.[91]

Der Anfang der 1990er Jahre wurde von dem Bild geprägt, dass sich die oppositionelle Bewegung vorwiegend durch ein Bündnis von rechten und linken Gegnern charakterisierte, deren Grundlage der August-Putsch im Jahre 1991 bildete, als gegen Gorbačëv und zur Rettung der Sowjetmacht und des Sowjetstaates aufgerufen wurde.[92] Bereits im Jahre 1992 wurde die Gründung der *Front der nationalen Rettung*[93]

---

86 Bayer (2002), in: Österreichische Zeitschrift für Politikwissenschaft, ÖZP 31/2002, S. 268f.
87 Vgl. Beichelt /Minkenberg (2002), in: Osteuropa, Nr. 3 /2002, S. 3.
88 Beichelt /Minkenberg (2002), in: Osteuropa, Nr. 3/2002, S. 3.
89 Vgl. Verchovskij (2010), in: Eurasian Review, Vol. 3/2010, S. 2.
90 Vgl. Verchovskij (2010), in: Eurasian Review, Vol. 3/2010, S. 6.
91 Vgl. Verchovskij (2010), in: Eurasian Review, Vol. 3/2010, S. 6.
92 Vgl. Eichwede (1994), S. 59.
93 Original: Фронт Национального Спасения (Front Nacional'nogo Spasenija).

initiiert, die sich gegen die ‚pseudodemokratische und antinationale Diktatur' des Präsidenten El'cins richtete und in der sich alle bedeutenden Ideologen zusammenschlossen, u. a. Rasputin, Krupin usw.[94] Diese begünstigte hierbei einen Aufschwung des nationalkonservativen und nationalistischen Denkens und erhielt einen Charakter „von wahnhaften Verschwörungsängsten und Feinbildern angetriebenes Gemisch aus nationalistischen Geschichtsmythen, russischen Großmachtmythen, nostalgischer Sehnsucht nach Zeiten des mächtigen Sowjetimperiums oder der idealisierten vorrevolutionären Epoche."[95]

Das Scheitern der Staatsideologie, die das einzige Orientierungsmittel für die überwiegende Mehrheit war, hinterließ in der Gesellschaft eine schwere Identitätskrise und auch ein ideologisches und weltanschauliches Vakuum. Dieses ideologische Vakuum versuchten Personen, wie z. B. Žirinovskij, Dugin oder Limonov, zu füllen. Aber es traten vermehrt auch Parteien und Organisationen auf, die sich in klassische Schemata einordnen lassen und eine so genannte Links- bzw. Rechtsorientierung charakterisieren. Hierbei sind Parteien und Bewegungen aufzuführen, die in der Orientierungsphase eine Renaissance erlebten, wie z. B. die neue *Schwarze Hundert*, die sich aus *Pamjat'* abgespalten hatte. Weiter sind hier die *Russische Nationale Einheit* zu nennen, welche am Anfang der 1990er Jahre großen Zulauf als Jugendorganisation hatte. In dieser Organisation existierte eine feste Hierarchiestruktur und darüber hinaus war sie halbmilitärisch und faschistisch bzw. nationalsozialistisch eingestellt.

Weitere Parteien waren die *Volkssoziale Partei,* die im Jahre 1992 entstand; die *Front der Nationalrevolutionären Aktion – Partei Nationale Front*, die sich insbesondere zum direkten Nachfolger russischer Faschisten der 1930er und 1940er Jahre erklärt hatte und im Jahre 1993 gegründet wurde.[96] Ebenso kann hier die *Russische Faschistische Partei* eher als ein „Phänomen der alternativen Subkultur als ein Phänomen des politischen Lebens"[97] genannt werden, die ebenfalls im Jahre 1992 entstand.

[94] Vgl. Eichwede (1994), S. 60.
[95] Vgl. Eichwede (1994), S. 61.
[96] Vgl. Ivanov (1996), S. 327f.
[97] Ivanov (1996), S. 328.

2.3 Der Fall Vladimir Žirinovskij

Die Persönlichkeit von Vladimir Žirinovskij, ein Vertreter der extremen Rechten, dient als Beispiel des im postsowjetischen Russland aufkommenden Rechtspopulismus.

Der *Populismus*-Begriff hat auch in Russland bereits eine gewisse Tradition, da die russischen *Narodniki* (russ. „Volkstümler", „Volksfreunde"), eine sozialrevolutionäre Bewegung in der zweiten Hälfte des 19. Jahrhunderts, sich „gegen den nach Russland vordringenden Industriekapitalismus, als auch gegen den Zarismus wandte und das Heil des russischen Volkes in einem agrarischen Sozialismus sah."[98] Nach Bauer ist der *Populismus* „als solcher nicht von vornherein auf das Links-Rechts-Spektrum zu verorten, allenfalls befindet er sich mit seinem Wunsch nach radikalen, kompromisslosen Lösungen außerhalb der alteingesessenen Mitte" [99] und sieht in seinem „Zentrum seiner Ideologie ‚das Volk', das als homogene, weitgehend nicht fragmentierte Einheit aufgefasst wird, mit moralisch aufgeladenen Chiffren besetzt."[100] In Kapitel 1.2 wurde bereits der Begriff *Rechtsextremismus* und dessen Elemente erläutert. Einige Elemente lassen sich auch auf den *Rechtspopulismus* anwenden, wobei die Grenzen zwischen Rechtsextremismus und Rechtspopulismus oft verschwimmen.[101] Dennoch stellt der osteuropäische Populismus ein eigenständiges Phänomen dar, da hier vorwiegend ein so genannter *agrarischer Populismus*, der sich gegen die Industrialisierung richtete, vorherrschte:

---

98 Bauer (2011), in: Österreichische Gesellschaft für Politikberatung und Politikentwicklung – ÖGFP, S. 5.

99 Bauer (2011), in: Österreichische Gesellschaft für Politikberatung und Politikentwicklung – ÖGFP, S. 7.

100 Bauer (2011), in: Österreichische Gesellschaft für Politikberatung und Politikentwicklung – ÖGFP, S. 7.

101 Im Gegensatz zum Rechtsextremismus ist der Rechtspopulismus anpassungsfähiger und in der Ideologie flexibler und bleibt oft innerhalb des demokratischen Spektrums, wenn auch am Rande agierend (Vgl. Bauer (2011), in: Österreichische Gesellschaft für Politikberatung und Politikentwicklung – ÖGFP, S. 8). Weiterhin ist darauf aufmerksam zu machen, dass Rechtspopulismus zwar extremistische und systemfeindliche Züge annehmen kann, die aber nicht unbedingt vorliegen müssen. Folgende Themen werden beim Rechtspopulismus vorrangig propagiert: Verteidigung bzw. Rückeroberung von Lebens- und Wohlstandsniveaus der „Einheimischen" gegen die von außen kommenden Bedrohungen und die Bewahrung der ethnisch-kulturellen Identität; er tritt als Anwalt des Volkes auf, postulierte den Volksglauben und agiert meistens „klassenübergreifend, antielitär, vielfach auch antiintellektuell, antimodern, antiurban, und stellen das Gesellschaftsbild vereinfacht und undifferenziert dar, mit strikten Freund-Feind-Unterscheidungen, (neo-)konservativen und antiwohlfahrtsstaatlichen pien" (Vgl. Bauer (2011), in: Österreichische Gesellschaft für Politikberatung und Politikentwicklung – ÖGFP, S. 9ff).

> Der neue osteuropäische Populismus, der im Zuge der dramatischen sozioökonomischen Transformationsprozesse entstand, verbindet paradoxerweise nationalistische und rechtsautoritär-antielitäre Einstellungen mit einer „links"-orientierten Wirtschafts- und Sozialpolitik, die nicht selten mit einer Nostalgie der kommunistischen Sozialordnung verbunden ist.[102]

Vladimir Žirinovskij ist der Führer der Liberaldemokratischen Partei Russlands[103], der über die Grenzen Russlands auch in Westeuropa bekannt ist und als Nationalist gilt. Die Partei ist in das rechtsextreme und nationalpatriotische Spektrum einzuordnen, die mit einem extremen Populismus einhergeht, für die Žirinovskijs Sprüche ein Symbol darstellen, wie z. B. die Interpretation der russischen Geschichte in anekdotischer Form vergleichend mit einer sexualpolitischen Darlegung[104], die noch Jahre danach Empörung hervorrief.[105]

Seine erste offen politische Aktivität ist Anfang der 1980er Jahre zu verzeichnen, die auf jüdisch illegalen Vereinigungen basierte.[106] Die Gründung seiner *Liberaldemokratischen Partei Russland* geht auf das Jahr 1988 zurück, ihre offizielle Registrierung auf das Jahr 1991 und erlangte Erfolge vor allem bei den Präsidentschaftswahlen 1991 sowie bei den Parlamentswahlen 1993. Seit seinem Erfolg wird vielfach das *Phänomen Žirinovskij* untersucht. Das Hauptaugenmerk der Forscher liegt hier auf der rechtspopulistischen bzw. rechten Sprache Žirinovskijs, die vor allem patriotisch konnotiert ist.[107] Hierbei werden folgende Merkmale herausgestellt: Personifizierung des Landes, Kombination gewohnter sowjetischer Etikettierungen und historischer Verbalhornungen sowie das Abzielen auf Emotionen und Appelle – kurzum Žirinovskij spricht die Sprache des einfachen Volkes.[108] Doch wie ist diese Sprache? Stadler analysiert hierbei die Sprache wie folgt:

> Im Beschimpfen von Fremdem und Fremden, im Gebrauch von Witzen und groben Redewendungen, in seinen grellen, einprägsamen Bildern, seinen Lügen [...] liegt der Erfolg dieses Politikers [...] Er wendet sich dabei an ‚grob-aggressive', ungebildete Menschen, die keine Fehler an sich erkennen, anderen nichts nachsehen und die fest daran glauben, dass

[102] Bauer (2011), in: Österreichische Gesellschaft für Politikberatung und Politikentwicklung – ÖGFP, S. 26.
[103] Original: Либерально-Демократическая Партия России (Liberal'no-Demokratičeskaja Partija Rossii).
[104] Als Beispiel: „Die leninistische Etappe war eine Vergewaltigung / Die Stalinistische Etappe war eine Epoche der Homosexualität, als die Kommunisten sich gegenseitig vernichten / Der letzte Abschnitt der Etappe Chruschtschows war eine ausgemachte Onanie [...]" (Vgl. Eichwede (1994), S. 89f).
[105] Vgl. Eichwede (1994), S. 89ff.
[106] Vgl. Ivanov (1996), S. 241.
[107] Vgl. Stadler (1997), S. 64.
[108] Vgl. Stadler (1997), S. 64.

> allein Gewalt die wahre Lösung aller Probleme ist [...] Verrohung ist somit totalitärer und rechtsextremistischer bzw. rechtspopulistischer Sprache eigen.[109]

Weiterhin mache sich Žirinovskij Elemente der Sprache der *Neuen Rechten* zunutze, die auf den Bezug der Sprache der Nationalsozialisten und Faschisten basieren, wie z. B. die phatische Kommunikation[110], die propositionale Reduktion, Verheißungen und Versprechungen, Befehl und Denunziation und das Umschlagen von sprachlichen Handeln in reales Handeln und damit verbundenes Leiden, Schwarz-Weiß-Malerei, Sündenbockstrategie, Selbstdarstellung des Führers und Verführung, Präsentation von Feindbildern und dem Umgang mit Macht.[111]

Žirinovskijs Sprachstil ist lebendig und erfrischend für seine Zuhörer, welche eher einfache Leute waren. Er wettert gegen Fremde und schließt jeden politischen Angriff mit einem Witz ab, was für manche in einen „verhöhnenden, verunglimpfenden, verspottenden politischen Insider-Jargon"[112] mündet. Žirinovskij provoziert vor allem mit seinen Äußerungen, wie z. B. über die Grenzen Russlands oder das Schicksal der nichtrussischen Nationalitäten, er beschimpft jüdische Journalisten und obwohl er als Antisemit gilt, äußerte er sich, dass sein Vater ein Jude sei. In seinen Kreisen benennen sie ihn oft als *Führer* und charakterisieren ihn als Ultranationalist. Des Weiteren gilt er bis heute weitläufig als *Skandalpolitiker* in Russland und immer wieder fiel er durch fragwürdige Aktionen auf.

2.4 Der Fall Eduard Limonov

Einer der umstrittensten, aber auch bekanntesten Persönlichkeiten stellt der Schriftsteller Eduard Limonov alias Eduard Savenko dar, der vor allem als einer der Gründer der *National-Bolschewistischen Partei* auf der politischen Bildfläche erschien. Der in Dseršinsk als Offizierssohn geborene Dichter lebte im literarischen Untergrund der Sowjetunion und weilte von 1973 bis 1991 im Exil in den USA, bevor er als Mitglied der Žirinovskij-Partei wieder in Russland öffentlich agierte.

---

[109] Stadler (1997), S. 64ff.

[110] Unter *phatischer Kommunikation* versteht man Symbole, Grußformeln und Erkennungszeichen, worüber sich eine Gruppe identifiziert und die das Zusammengehörigkeitsgefühl stärken.

[111] Vgl. Stadler (1997), S. 66ff.

[112] Vgl. Eichwede (1994), S. 90.

Vor der Gründung der NBP war Limonov in der *Rechtsradikalen Partei*[113] aktiv, die sich vorwiegend mit „der ideologischen Aufklärung der Massen und mit der Einordnung der ‚rechtsradikalen' Idee in ihr Bewusstsein"[114] beschäftigte und eher als „Zentrum der ideologischen Kristallisation von nationalrevolutionären Kräften"[115] angesehen werden kann. Zu den Führungsleuten gehörte u. a. der Rockmusiker Sergej Šarikov, der die Nähe dieses Zentrums zu den alternativen Jugendsubkulturen verdeutlicht und oft als Wortführer agierte. Die NBP basierte auf der vorweg gegründeten *National-Bolschewistischen Front*, die die Basis für fünf verschiedene nationalrevolutionäre Vereinigungen war: u.a. der *neotrotzkistischen RKSM (Kommunistischer Jugendverband Russlands*).[116]

Nach dem baldigen Zerfall dieser Front gründete Limonov mit Aleksandr Dugin im Jahre 1992 die *National-Bolschewistische Partei.* Die Besonderheit der NBP ist ihre nicht genaue Einordnung im Spektrum *Links und Rechts.* Diese Annahme resultiert eben daraus, dass sie in ihrer Flagge den deutschen Nationalsozialisten nachempfanden, wobei sie das Hakenkreuz durch Hammer und Sichel austauschten. Zu ihrer Präsenz im Rechts-Links-Spektrum antwortete die Partei im Jahre 2004 wie folgt:

> Zweifellos schleppt die NBP noch die ‚linke' russische Bewegung mit sich, jedenfalls so lange dies vor dem Hintergrund sozialer Unzufriedenheit zweckmäßig ist. Allerdings besteht unsere Hauptzielsetzung in der kompletten Auswechslung der politischen Klasse, was wesentlich wichtiger ist als alle ‚linken' Komponenten im Nationalbolschewismus. Die NBP schleppt auch die ‚rechte' Bewegung mit sich (...).[117]

Im politischen Farbspektrum gelten sie als eine rot-braune Partei. Aber was machte diese Partei so erfolgreich? Zweifelsohne war es die Zusammenarbeit des Schriftstellers Limonov und mit dem damals kaum bekannten monarchistisch-nationalistisch orientierten geopolitischen Strategen Aleksandr Dugin.[118] Die Losung der Partei basierte anfangs auf der Ideologie Dugins – und zwar auf einer „Synthese aus Elementen des europäischen Faschismus und russisch-nationalistischer und neoimperialistischer Ideen, die sich in der Zielvorstellung eines geeigneten Eurasiens gegen den Hauptfeind USA manifestiert, die sich auf den Traditionen des deutschen Natio-

[113] Original: Право-радикальная Партия (Pravo-radikal'naja Partija).
[114] Vgl. Ivanov (1996), S. 338.
[115] Vgl. Ivanov (1996), S. 338.
[116] Vgl. Ivanov (1996), S. 339.
[117] Weinmann (2005), in: Zeitschrift Informationszentrum 3. Welt (iz3w), Nr. 286.
[118] Vgl. Weinmann (2005), in: Zeitschrift Informationszentrum 3. Welt (iz3w), Nr. 286.

nalsozialismus und der westeuropäischen Neuen Rechten stützten."[119] In diese Zusammenarbeit brachte Limonov nicht weniger entscheidende Qualitäten mit hinein: In Frankreich hatte er Kontakt zu Querfrontstrategen der *Neuen Rechten* und war als „Tabus brechender Künstler und Mann der radikalen Tat" [120] bekannt.

Die Synthese linker und rechter Ideen gewann er in der Zusammenarbeit mit der rotbraunen Opposition Anfang der 1990er Jahre, die gegen den damaligen Präsidenten El'cin gerichtet war.[121] Das Propagieren der nationalbolschewistischen Ideologie entsprang der günstigen Lage im postsowjetischen Russland, da die Anwendung rechter Inhalte bereits bis in die höchsten Parteiorgane vorgedrungen war.[122] Dennoch hatte das Gespann einen entscheidenden Vorteil: „Durch die Absorption der gesamten postsowjetischen Gegenkultur unter gezielter Einbindung linker Strukturen und unter Zulassung beliebiger ideologischer Mischformen konnten sie eine gewisse kulturelle Hegemonie erlangen"[123], was von nicht zu unterschätzender Bedeutung für die Entwicklung einer nationalistischen jugendlichen Gegenkultur war. Die Grundlage der Parteiideologie ist eine russifizierte Version des frühen Nationalsozialismus der 1920er Jahre, welche Dugin mit seiner Vorstellung eines „geeinten Eurasiens gegen den Hauptfeind USA"[124] paarte:

> Natürlich sind wir Revolutionäre. Wir vereinigen Kommunismus und Nationalismus, die untrennbar zusammengehören. Das Ziel unserer Organisation ist es, die herrschende politische und ökonomische Klasse zu beseitigen [...] Die alte Nomenklatur, die ‚die ökonomische Macht an sich gerissen hat, liegt wie ein Schimmelpilz über dem Land [...] Nur eins ist gewiss: Der Westen wird früher oder später kollabieren, und wir werden unsere Revolution verwirklichen. Denn unsere Bewegung hat die Jugend. Und wer die Jugend hat, dem gehört die Zukunft.[125]

Hierbei galt die *Nationalbolschewistische Partei* von Anfang an als Sammelbecken zahlreicher radikaler Strömungen und Haltungen. Das Parteiprogramm basierte auf dem *Nationalbolschewismus*:

---

[119] Weinmann (2005), in: Zeitschrift Informationszentrum 3. Welt (iz3w), Nr. 286.
[120] Weinmann (2005), in: Zeitschrift Informationszentrum 3. Welt (iz3w), Nr. 286.
[121] Vgl. Weinmann (2005), in: Zeitschrift Informationszentrum 3. Welt (iz3w), Nr. 286.
[122] Vgl. Weinmann (2005), in: Zeitschrift Informationszentrum 3. Welt (iz3w), Nr. 286.
[123] Weinmann (2005), in: Zeitschrift Informationszentrum 3. Welt (iz3w), Nr. 286.
[124] Weinmann (2005), in: Zeitschrift Informationszentrum 3. Welt (iz3w), Nr. 286.
[125] Günther (2007), in: Readers Edition (2007).

> Was ist der Nationalbolschewismus? Eine Verschmelzung der radikalsten Formen des sozialen Widerstandes mit den radikalsten Formen des nationalen Widerstandes[...] Bis heute wurden zwei Ideologien – die nationale und die soziale – auf der Ebene eines Kompromisses, eines pragmatischen vorläufigen Bündnisses vereinigt; und im Nationalbolschewismus werden sie zu einem unteilbaren Ganzen verschmolzen [...].[126]

Des Weiteren lässt sich hier anführen, dass die NBP ein Katalysator für die Verbreitung rechtsextremer Elemente im Spektrum der Jugendkulturen darstellte, dessen Grundprinzip sich im folgenden Zitat verdeutlicht:

> Wir arbeiten dafür, dass all diese Jugend-Gattungen: sowohl Punks als auch Skins, Komsomolzen, Fussballfans, Rowdies und Anarchisten in eine Gattung umgeschmolzen werden: in National-Bolschewisten [...] Wir schaffen eine neue Menschengattung: extrem, radikal, revolutionär, extrem in Politik, Musik und Kultur. Härter als der National-Bolschewismus ist nur der Tod.[127]

Darüber hinaus ist im Parteiprogramm von 1994 zu lesen: „Nach dem Machtantritt baut die NBP einen totalen Staat auf, die Menschenrechte stehen dann hinter den Rechten der Nation zurück. Innerhalb des Landes wird eine eiserne russische Ordnung aus Disziplin, Kämpfertum und Fleiß errichtet“ [128] und wurde 2004 etwas abgeschwächt in „Umwandlung Russlands in einen modernen mächtigen Staat.“[129] Die Partei trat in Opposition zur Regierung Putins auf und verstand sich umso mehr als eine soziale Protestpartei. Nichtsdestotrotz wurde die Partei im Jahre 2005 vom Obersten Gerichtshof Russlands verboten und wurde hierbei als verfassungsfeindlich und extremistisch eingestuft. Trotz der Revision seitens der NBP blieb die Partei verboten und agiert seither im Untergrund und arbeitet u. a. in Kooperation mit das *Andere Russland* zusammen. Aufgrund des massiven Drucks durch die russische Gerichtsbarkeit nach den Dezember-Krawallen im Jahre 2010, sind unter den Festgenommenen auch Aktivisten dieser *neuen nationalbolschewistischen Partei* gewesen.[130]

---

[126] Ivanov (1996), S. 340.
[127] Mathyl (2000), in: Roth /Rucht (2000), S. 211.
[128] Weinmann (2005), in: Zeitschrift Informationszentrum 3. Welt (iz3w), Nr. 286.
[129] Weinmann (2005), in: Zeitschrift Informationszentrum 3. Welt (iz3w), Nr. 286.
[130] Aka Berlin (2011d): Verbotsverfahren gegen die DPNI hat begonnen.

2.5 Der Fall Aleksandr Dugin

Der Fall Aleksandr Dugin ist deshalb so interessant, weil hier der Ausdruck *der Neuen Russischen Rechten* aufkommt. Die *Neuen Russischen Rechten* konzentrieren sich in ihrer Programmatik vorwiegend auf die Innen- und Außenpolitik Russlands und orientieren sich ebenso an der französischen *Nouvelle Droite*[131], die sie als „westliches Gegenstück zu den russischen *Počvenniki*[132] verstehen."[133] Mit der *Nouvelle Droite* verbinden die *Neuen Russischen Rechten* vor allem eine Begeisterung für frühe Kulturen, eine auf mystischer Religiosität basierende Naturphilosophie und eine verfeinerte Form des Rassismus, ebenso für die eurasische Schule.[134]

Aleksandr Dugins Hauptziel ist ein antidemokratisches, antiwestliches und eurasisch-imperialistisches Russland und er gilt als Begründer der Strömung des *Neoeurasismus* und Schöpfer der zeitgenössischen russländischen Schule der Geopolitik.[135] Höllwerth stellt in seiner Schrift heraus, dass Dugin nur Erfolg hatte, weil er auf zivilgesellschaftlicher Ebene agierte, die der Strategie der westeuropäischen Neuen Rechten stark ähnelte.[136] Des Weiteren schreibt er, dass „eine in der Periode des Kalten Krieges stattfindende Supranationalisierung des westeuropäischen Faschismus einherging mit einer Metapolisierung nachkriegswesteuropäischer faschistischer Taktik", wobei unter Metapolisierung „die Verlegung der Aktivitäten von der direkt politischen auf eine kulturelle, indirekt politische" verlagert wird und ihren Ursprung

[131] Nach Laqueur ist die „Doktrin der *Nouvelle Droite* eher neopaganistisch und angeblich spiritueller als der jüdisch christliche Monotheismus, der in Gestalt des Liberalismus, der Demokratie und schließlich des Sozialismus zur Entwurzelung der Gesellschaft geführt habe. Die Aufklärung und rationales Denken werden nahezu völlig abgelehnt. Die Nation erscheint als das höchste Gut. Rassenvermischung oder die Interration von Rassen ist ein unverzeihliches Übel, das zu Dekandenz und Ethnozoid führe, ein Schlüsselbegriff der Neuen Rechten sowohl in Frankreich als auch in Deutschland und Russland. Die Nouvelle Droite wehrt sich gegen den Vorwurf des Rassismus, die neue Parole lautet „Ethnopluralismus". Sie stellt die Politik über wirtschaftliche Erwägungen, Instinkt und mythische Gedankenwelt über rationales Denken. Sie ist antiintellektuell und antikapitalistisch, predigt einen „dritten Weg" zwischen Kapitalismus und Kommunismus. Ihre Losung von der „konservativen Revolution" steht im Gegensatz zu der traditionellen Idee eines restaurativen Konservatismus. Sie ist (oder war) prodeutsch und antiamerikanisch" (Vgl. Laqueur (1995), S. 182ff).

[132] In diesem Zusammenhang als eine Art „radikale Volkstümler" zu verstehen.

[133] Vgl. Laqueur (1995), S. 182.

[134] Vgl. Laqueur (1995), S. 182.

[135] Vgl. Höllwerth (2007), S. 157f.

[136] Vgl. Höllwerth (2007), S. 157f.

bei Antonio Gramsci hat, der die kulturelle Hegemonie als Voraussetzung für die Erlangung einer politischen Hegemonie sah.[137]

Erste intellektuelle Einflüsse auf Dugin hatte der so genannte *Golovin-Zirkel*, dessen Begründer der gleichnamige Evgenij Golovin war und dessen Hauptgebiete vorrangig die europäische mystische Literatur und Poesie war. In der Gesinnung waren diese Traditionalisten als moderne russische Faschisten einzuordnen, die eine Sympathie und Ehrerbietung für den deutschen und italienischen Faschismus hegten.[138]

Wie bereits erwähnt steht später Dugin mit Limonov in der *Nationalbolschewistischen Partei* zusammen, die sich an rechten und linken Nationalismen bediente und zu einer rechtsradikalen Partei heranwuchs. Die Partei stellte das „wichtigste Forum der russischen Gegenkultur dar [...] Insbesondere zur Underground-Kultur entstanden damals Verbindungen, z. B. zur sowjetisch-russischen Punkband *Graždanskaja Oborona* mit breiter nationalistischer Punkszene.“[139] Die Attraktivität der Partei bestand in ihrem national-patriotischen Paradigmata für die Kunst- und Literaturszene, sowie für die intellektuelle Elite, die einen kulturell verankerten Hang zur Ästhetisierung der Politik hatte: „Durch die Ästhetisierung politisch-ideologischer Inhalte gewinnt die Ideologie der NBP ebenso wie der ‚Neoeurasismus‘ Dugins einen Sexappeal [...].“[140] Höllwerth zitiert Paradovskij, der die Person Dugin zu charakterisieren versucht:

> Das (große) Volumen seiner Ideenwelt führt dazu, dass man Faschist, Kommunist, eurasischer Nationalbolschewist und ein einfacher Bodenständiger, ein eurasischer orthodoxer Fundamentalist, ein eurasischer Ökumenist oder Neopaganer, ja sogar – unter Voraussetzung eines bestimmten organizistischen und essentialistischen Verständnis von Demokratie – ein eurasischer Demokrat sein kann. Aleksandr Dugin ist das alles und zusätzlich noch ein Historiker und Theoretiker der Geopolitik, einer eurasischen, wie sich von selbst versteht. Er ist ja der Eurasier par excellence.[141]

Aleksandr Dugin gilt als Chefideologe des so genannten „*Neoeurasismus*“ – einer Bezeichnung, die nach Meinungen der *Neoeurasier* auf die geistige Strömung der Zwischenkriegszeit, dem *Eurasismus*, zurückgeht. Der Politologe Andreas Umland verweist dabei, dass es sich beim Terminus *Neoeurasismus* teilweise um einen Etikettenschwindel handelt, wodurch sich die „‘Neoeurasier‘ historische Legitimität

---

137 Höllwerth (2007), S. 161ff.
138 Vgl. Höllwerth (2007), S. 163ff.
139 Höllwerth (2007), S. 172.
140 Höllwerth (2007), S. 174ff.
141 Zitiert nach Paradovskij. In: Höllwerth (2007), S. 651.

verschaffen zu suchen und von bedeutenden Quellen ihrer Ideologie im westeuropäischen Zwischen- und Nachkriegsextremismus abzulenken suchen"[142] und unterstellt ebenso den *Neoeurasiern* eine „bewusste Vernebelungs- und Popularisierungstaktik." [143] Was versteht Dugin unter dem *Neoeurasismus*? Hierbei soll vor allem festgehalten werden, dass nach Meinung der Forscher Dugins Ideologie als Form des Eurofaschismus betrachtet werden kann[144]:

> Es gibt liberale, es gibt kommunistische und es gibt faschistische (nationalistische) Länder. Andere gibt es nicht. Und es kann keine anderen geben. In Russland machten wir zwei ideologische Etappen durch: die kommunistische und die liberale. Bleibt der Faschismus. [...] Faschismus ist Nationalismus – aber nicht irgendein, sondern ein revolutionärer, rebellischer, romantischer, idealistischer Nationalismus, der an die große und transzendente Idee appelliert, die danach strebt, einen unmöglichen Traum in die Realität zu verkörpern, die Gesellschaft des Helden und Übermenschen zu gebären, die Welt umzugestalten und zu verwandeln.[145]

Dugins *Neoeurasismus* ist nach Klitsche-Sowitzki als ein dualistisches Gesamtkonzept zu betrachten, dessen Idee auf einer Geopolitik basiert, die die Konstruktion einer eurasischen Kontinentalmacht als Gegenpol zu einer amerikanischen Seemacht beinhaltet.[146] Wie bereits von Umland festgestellt, basiert diese Ideologie nicht auf einer Ableitung der Ideen aus dem klassischen *Eurasismus*, sondern präsentiert sich in einem Gemisch aus der Beeinflussung westlicher Denkschulen, der deutschen konservativen Revolution, der französischen *Neuen Rechten* und dem europäischen Faschismus.[147] Umland unterstreicht, dass es sich bei Dugins Konzept um zwei sich feindlichen Gesellschaftsformen handelt: Zum einen um die atlantischen Seemächte, welche auf die versunkene Welt von Atlantis zurückgehen, im antiken Phönizien und Karthago ihre Wurzeln haben und jetzt von den mondialistischen USA angeführt werden und zum anderen die eurasischen Landmächte, die die Tradition des Römischen Reiches fortsetzen und Russland hierbei das wichtigste Element sei.[148]

Dieses Gesamtkonzept kann man nach Klitsche-Sowitzki[149] wie folgt zusammenfassen:

---

142 Umland (2006a), in: Bürgel (2006), S. 23.
143 Vgl. Umland (2006a), in: Bürgel (2006), S. 23.
144 Vgl. Höllwerth (2007), S. 658.
145 Zitiert nach Dugin, in: Höllwerth (2007), S. 660ff.
146 Vgl. Klitsche-Sowitzki (2011), in: Lehmann-Carli /Drosihn /Klitsche-Sowitzki, S. 135.
147 Umland (2006b), in: Berliner Debatte Initial, Nr. 6/2006, S. 36.
148 Umland (2006b), in: Berliner Debatte Initial, Nr. 6/2006, S. 36.
149 Klitsche-Sowitzki (2011), in: Lehmann-Carli/ Drosihn/ Klitsche-Sowitzki, S. 135f.

1. Das Konzept des räumlichen Dualismus: Hierbei greift Dugin auf eine Konstruktion zurück, die aus geographischen, ökonomischen, politischen und geopolitischen Ebenen besteht, die ihm eine Bestimmung des geopolitischen Raums ermöglichen, die er mithilfe von Dualismen auf eine politische und kulturelle Stufe baut.

2. Die semantische Ebene des religiösen Dualismus: Für Dugin existiert eine Opposition der kontinentalen und ozeanischen Mächte, die auf metaphysischer Ebene in der „totalitären" Ideologie der atlantischen Staaten begründet ist – vor allem dem Protestantismus und Liberalismus in Abgrenzung der Orthodoxie. Dugin verweist auf den „eschatologischen Protestantismus als geheime Quelle der Ideologie des Liberalismus" hin und sieht dessen Existenz immer noch in Amerika und weist darauf hin, dass „das Imperium des Antichristen jedoch nicht Russland sei, sondern Amerika, denn nur in der orthodoxen Welt existiere die Sphäre des ‚realen, unverdorbenen und authentischen Christentums'."

3. Das Konzept der Geographie als Ursache und Geopolitik als Folge: Hierbei setzt Dugin seine Festsetzung auf Land- und Seemächte in Beziehung und weist auf die unabänderlichen geographischen Voraussetzungen hin, die die Ausprägung religiöser und politischer Modelle beeinflussen, wobei er hier schließt, dass „der Sieg der ‚Atlantisten' nicht hingenommen werden könne, das ‚Ende der Geschichte' seit nur eine Folge der monopolaren Welt, die Konstruktion Eurasiens unabdingbar, um die Logik der Geschichte aufrecht zu erhalten."

4. Das Konzept der „Russischen Idee" vs. „Amerikanische Idee": Hier arbeitet er mit einer Antithese „russische Idee" in Gegenüberstellung zur „amerikanischen Idee" und desmaskiert die traditionellen Elemente der „russischen Idee" als Verstümmelung in der „amerikanischen Idee". Dugin beruft sich hierbei vielschichtig auf die „russische Idee" als identifikationsstiftendes Merkmal seines „Eurasismus". Somit wird hier klar, dass er sich in der „Tradition der „russischen Idee, die sich der religiösen Idee eines „Dritten Roms" zu einer radikalen geopolitischen Option wandelt", stellt.

Abschließend ist zu bemerken, dass Dugins *neoeurasische Ideologie* an die Tradition des *Eurasismus* anlehnt, sie jedoch „auf inkohärente Weise interpretiert"[150] und er sieht die Funktion seiner Geopolitik darin, „den Feind des Traditionalismus geographisch zu lokalisieren und den russischen Imperialismus als Verteidigung gegen die Moderne zu legitimieren."[151] Dies hat eine Formierung eines *eurasischen Raums* zur Folge. Der *Neoeurasismus* von Dugin beinhaltet außerdem einen übersteigerten Antiamerikanismus.

Auf Dugin geht ebenfalls die im Jahre 2001 gegründete Bewegung *Evracija* zurück, die als intellektuelles Zentrum dieser Bewegung angesehen wird und schnell einen Stellenwert in der russischen Außenpolitik einnahm.

---

[150] Klitsche-Sowitzki (2011), in: Lehmann-Carli /Drosihn /Klitsche-Sowitzki, S. 143.
[151] Klitsche-Sowitzki (2011), in: Lehmann-Carli /Drosihn /Klitsche-Sowitzki, S. 143.

3 Die rechtsextreme Lebenswelt der russischen Jugendlichen

> Gegenkulturelle Gruppen spielen heute eine zentrale Rolle in einer Generation stärker faschistisch und jugendlich orientierter Organisationen des national-patriotischen Spektrums. Sie propagieren Kriegsbegeisterung, rassistische Gewalt und individuellen Terror; sie verkörpern ein extrem gewalttätiges Potential, dessen Gefährlichkeit gerade darin besteht, dass es über populäre Musik und Kultur weit in die Gesellschaft hinein wirkt.[152]

Die meiste Gewalt in Russland geht von rechtsextremen Jugendlichen aus. Die Landschaft der russischen rechtsextremen Jugendgruppen ist schwer zu überschauen, da diese Gruppen eine gewisse Anonymität wahren. Dennoch ist die Relation von Rechtsextremismus und Jugend von besonderem Interesse und geht über die intellektuellen Diskurse der 1990er Jahre hinaus, welche sicherlich einen nahrhaften Boden für die Verbreitung rechtsextremer Elemente unter den russischen Jugendlichen geschaffen hat.

Die rechtsextreme Jugendszene hat Schnittpunkte mit den rechtsextremen Erwachsenenstrukturen und Organisationen, weist darüber hinaus auch abgrenzbare jugendtypische Elemente und Eigendynamiken auf.[153] In den letzten Jahren war die Präsenz der rechtsextremen Jugendgruppen in den russischen Medien sowie in der russischen Presse alarmierend. Hierbei stellte sich bald heraus – was sich als globales Problem präsentiert, erhielt in Russland eine Brisanz, die wohl als beispiellos gilt. Seit einigen Jahren steigt die Anzahl der Publikationen an, die sich mit besonderem Interesse der Entwicklung verschiedener Spielarten des russischen Rechtsextremismus widmen.

Eine Eskalation des Rechtsextremismus unter Jugendlichen war vor allem in den Jahren 2005 bis 2009 zu verzeichnen. Dennoch hat sich das Bild gerade in den letzten zwei Jahren geändert: Die Forschungszentren vermerkten eine Verringerung der rassistisch motivierten Straftaten und Überfälle im Jahre 2010, was wohl darauf zurück zu führen ist, dass sich ein latentes Umdenken in der russischen Gerichtsbarkeit vollzog. Darüber hinaus sei hier bereits anzumerken, dass dies kein Signal einer Eindämmung der rechtsextremen Jugendszene darstellt.

---

[152] Mathyl (2000), in: Roth /Rucht (2000), S. 231.
[153] Vgl. Hafeneger /Becker (2007), S. 25.

3.1 Die Entstehung der nationalistischen Gegenkultur seit den 1990er Jahren

Die Herausbildung einer nationalistischen Jugend- bzw. Gegenkultur in Russland wurde bereits Anfang der 1990er Jahre begünstigt und unterschied sich dennoch von seinem westlichen Vorbild. Der Politikwissenschaftler Markus Mathyl analysiert in seinem Artikel *Hammer und Sichel in der Fahne Hitlers* die Entstehung dieser zum Teil sich radikal formierenden Protestkultur in Russland:

> Dabei sind es nicht die einzelnen Stile (Rocker, Punks, Skinheads etc.) oder nominellen politischen Orientierungen (Anarchisten, Trotzkisten, Leninisten, Faschisten etc.), die den Unterschied ausmachen. Anders ist vielmehr, dass sich diese im Westen zum Teil feindlich gegenüberstehenden Gruppen in der russischen Jugend-/Gegenkultur auf nationalistischer, rassistischer und antisemitischer Grundlage angenähert haben.[154]

Deren Grundlage bildet nach Mathyl die „vollständige Neutralisierung spezifischer antifaschistischer Potenziale sowie der zentrale Platz, den die nationalistische Strömung in der politisierten Jugendkultur einnimmt".[155] Die Bewegung ist vor allem durch eine Ästhetisierung von Krieg und Kampf charakterisiert, welche Ähnlichkeit mit dem italienischen Faschismus hat und darüber hinaus wurde diese auch durch die Verwendung von sowjetischen Symbolen und Elementen der westlichen Linken enorm geprägt.[156]

Erste gegenkulturelle Aktivitäten vernahm man bereits Mitte der 1980er Jahre, die jedoch auf eine Minderheit begrenzt waren. Die Vorperestrojka war durch die Reaktionen des Staates gegenüber jeglichen Formen von gegenkulturellen Aktivitäten durch Repressalien und Erniedrigungen charakterisiert, die eine Diffamierung der Aktivisten, die Einweisung der so genannten Dissidenten in Psychiatrien, Lageranstalten, Gefängnissen oder der Zwang zur Ausreise zur Folge hatte. Die sowjetische Regierung agierte verbal gegen die Dissidenten mit Schimpfwörtern, wie z. B. ‚Faschist' und ‚antisozialistisches Element', um eine Bloßstellung in der sowjetischen Öffentlichkeit zu bewirken.[157]

Mit der rechtlichen Anerkennung von subkulturellen Jugendgruppen im Jahre 1986 eröffnete sich ein unbekanntes Spektrum politischer und gesellschaftlicher Hand-

---

[154] Mathyl (2000), in: Roth /Rucht (2000), S. 211.
[155] Mathyl (2000), in: Roth /Rucht (2000), S. 211.
[156] Vgl. Mathyl (2000), in: Roth /Rucht (2000), S. 211.
[157] Vgl. Mathyl (2000), in: Roth /Rucht (2000), S. 213ff.

lungsspielräume. Perestrojka und Glasnost' begünstigten somit einen Zuwachs von subkulturellen Strömungen und vor allem auch nationalistischen Gruppierungen, die sich als eine ,Perestrojka von unten' herauskristallisierte.[158] Diese Zusammenarbeit hielt jedoch nicht lange an und bereits in den 1990er Jahren kam es vermehrt zu Konfrontationen zwischen nationalistischen und anderen informellen Gruppierungen. Dies begünstigte wiederum die Entstehung von Rechts- und Links-Koalitionen über neokommunistische Gruppen bis hin zu faschistischen Organisationen sowie die Entstehung der *Neuen Rechten* in Russland.[159]

In den 1990er Jahren wurde als ideologischer Angriffspunkt noch der Antisemitismus gebraucht, der sich Stereotype, wie z. B. Kapitalismus und jüdische Raffgier, zu Eigen machte. Die russischen *Neuen Rechten* konzentrierten sich auf die Modernisierung ihrer eigenen Bewegung und der Schaffung einer nationalistischen Gegenkultur, die u. a. „das Verschmelzen linker und rechter Ideologien sowie der pseudowissenschaftlichen Aktualisierung immer neuer Verschwörungsstrategien"[160] mit sich brachte, dessen Hauptideologe Aleksandr Dugin wurde. So kam es mit der Gründung der *National-Radikalen Partei* zur ersten nationalistischen gegenkulturellen Organisation in Russland.

Der Wandel in der Sowjetunion brachte auch die gegenkulturelle Krise, die erst im Jahre 1994 eine Kurskorrektur verzeichnen konnte: Hierbei sollte die Schaffung einer neuen Volkselite eine Rechts- bzw. Links-Synthese anstreben, die über das bisherige rot-braune Spektrum hinausging und eine Erweiterung um die Anarchisten vorsah.[161] Im Konzept wurden rechte und linke sowie sowjetische Überzeugungen vermischt, die alle gegen eine Demokratie waren. Dabei propagierten die Parteien, wie z. B. die *National-Bolschewistische Partei*, einen starken Nationalismus und waren um eine jugendliche Anhängerschaft bemüht, die man mit Begriffen, wie z. B. ,totale Systemgegnerschaft' oder ,Radikalität', lockte.[162] Ein weiteres Ideologem der NBP war die Gleichstellung der nationalen und sozialen Revolution sowie ihr Verständnis vom Kapitalismus:

[158] Vgl. Mathyl (2000), in: Roth /Rucht (2000), S. 215.
[159] Vgl. Mathyl (2000), in: Roth /Rucht (2000), S. 218.
[160] Mathyl (2000), in: Roth /Rucht (2000), S. 220.
[161] Vgl. Mathyl (2000), in: Roth /Rucht (2000), S. 225ff.
[162] Vgl. Mathyl (2000), in: Roth /Rucht (2000), S. 226.

> Den Kapitalismus erfanden die *semitischen* Völker. In alten *arischen* Gesellschaften existierte die Klasse der Händler überhaupt nicht. Alle bürgerlichen Elemente, geistige oder biologische, sind Erbe einer uns fremden Rasse.[163]

Des Weiteren entstanden durch die Radikalisierung des russischen Nationalismus erste faschistische Gruppen, die sich mit der NBP verbündeten, wie z. B. die *Nationale Front*, die vor allem einen schärferen Antisemitismus und Rassismus propagierte.[164] Die nationalistische Propaganda der Parteien hatte auch eine wichtige Rolle bei der Herausbildung der russischen und faschistischen Skinheadszene inne, die sich erst Mitte der 1990er Jahre herausbildete. Somit gilt die Skinheadszene als die jüngste jugendliche Subkultur in Russland und ist darüber hinaus die dynamischste und immer populärer werdende russische Subkultur.

Ihre Anfänge hatte die Skinheadszene in Moskau und war relativ überschaubar auf ein Dutzend Skinheads beschränkt, welche heute ungefähr 50.000 bis 70.000 aktive Anhänger[165] zählt. Die Skinheadszene hat sich von einer Randerscheinung zu einer schwer kontrollierbaren Bewegung entwickelt.[166] Verchovskij führt an, dass eine neonazistische Stafette von der Bewegung der Nazi-Skinheads abgefangen und die Bewegung analog zu der westeuropäischen kopiert wurde[167] und schreibt weiter:

> Den prinzipiellen Unterschied der Nazi-Skinheads von den ‚alten Kameraden' machten die Parteilosigkeit, die anarchistische horizontale Selbstorganisation und die Abneigung zur systematischen Ideologisierung aus. Die jungen Neonazis vertrauten den bekannten nationalistischen Führern nicht offen, obwohl es auch Fälle der Zusammenarbeit mit den ‚alten' radikal-nationalistischen Organisationen gab [...] aber in den 2000er Jahren erlitten beide den vollständigen Niedergang. [...] Die Nazi-Skinhead-Bewegung blieb in seinem Kern neonazistisch, in der Masse aber war sie einfach aggressiv-rassistisch, aber auch gleichgültig gegenüber den restlichen ideologischen Augenblicken.[168]

---

[163] Mathyl (2000), in: Roth /Rucht (2000), S. 226.

[164] Vgl. Mathyl (2000), in: Roth /Rucht (2000), S. 229.

[165] Stand: 2007.

[166] Tarasov (2003b), in: Dokumentation zum internationalen Kolloquium: Fremdenfeindlichkeit bekämpfen und Demokratiefähigkeit stärken vom 05.-07. Dezember 2002.

[167] Verchovskij (2010), in: Eurasian Review, Vol. 3/2010, S. 7.

[168] Verchovskij (2010), in: Eurasian Review, Vol. 3/2010, S. 7, Original-Zitat: „Принципиальным отличием наци-скинхедов от «старших товарищей» были беспартийность, анархическая горизонтальная самоорганизация, несклонность к систематическому идеологизированию. Молодые неонаци откровенно не доверяли известным националистическим лидерам, хотя случаи сотрудничества со «старыми» радикально-националистическими организациями все же были [...] но в 2000-е обе они пришли в польный упадок. [...] Наци-скин-движение лишь в ядре своем является неонацистским, в массе же своей оно просто агрессивно расистское, но равнодушно к остальным идеологическим моментам."

Ihren ersten öffentlichen Auftritt hatten die russischen Skinheads während des Staatsstreichs im Jahre 1993, welcher der Auslöser der Zusammenschließung einer gesamten gegenkulturellen Bewegung war. Hierbei war vor allem der verhängte Ausnahmezustand für die Entwicklung der russischen Skinheads prägend, als in den Straßen ein rassistischer (bzw. antikaukasischer) Polizeiterror ausbrach, der u. a. auf einer stark rassistischen und nationalistischen Rhetorik seitens der Regierungsanhänger El'cins beruhte.[169] Der gegenwärtige Stereotyp vom Feindbild des Kaukasiers und vor allem eines *nicht-arischen* bzw. *nicht-slavischen* Aussehens wurde während der Oktober-Unruhen im Jahre 1993 reaktualisiert.[170] Der Ausnahmezustand in Moskau hatte den Charakter einer ethnischen Säuberung, welche auch begleitet wurde durch: keinerlei Art von Rechtsordnung, Nichteinhaltung der Verfassungsgarantien, Verletzungen der Menschenrechte, insbesondere ungesetzliche außergerichtliche Durchsuchungen, Verhaftungen, Plünderungen, Verprügeln und Folter vorzugsweise von Menschen nicht-slavischen Aussehens und Diffamierung als *Personen kaukasischer Nationalität*, unter denen auch Personen vom Balkan, aus Mittelasien, Indien, Pakistan, Iran, aber auch Juden und Araber waren.[171]

Der Tschetschenienkrieg begünstigte ebenso in hohem Maße die Entwicklung der russischen Skinheadszene, wie die „ihn begleitende, auf Regierungsebene durchgeführte Großmacht-, Pro-Reichs- und nationalistische Propaganda-Kampagne“[172], die den Jugendlichen klassischen Anschauungsunterricht in Rassismus und der Nicht-Existenz von Nationalitäten- und Rassengleichheit sowie der strafrechtlichen Milde bei Gewalt gegenüber Personen nicht-slavischen Aussehens bot.[173] Neben den politischen Faktoren wurde die Entwicklung der Skinheadszene auch von gesellschaftsspezifischen Faktoren begünstigt, wie z. B. der Wirtschaftskrise und dem Zerfall des Bildungssystems. Hierfür war nach Tarasov[174] der Wegfall der staatlichen

---

169 Vgl. Tarasov (2003b), in: Dokumentation zum internationalen Kolloquium: Fremdenfeindlichkeit bekämpfen und Demokratiefähigkeit stärken vom 05.-07. Dezember 2002.

170 Vgl. Tarasov (2003b), in: Dokumentation zum internationalen Kolloquium: Fremdenfeindlichkeit bekämpfen und Demokratiefähigkeit stärken vom 05.-07. Dezember 2002.

171 Vgl. Tarasov (2003b), in: Dokumentation zum internationalen Kolloquium: Fremdenfeindlichkeit bekämpfen und Demokratiefähigkeit stärken vom 05.-07. Dezember 2002.

172 Vgl. Tarasov (2003b), in: Dokumentation zum internationalen Kolloquium: Fremdenfeindlichkeit bekämpfen und Demokratiefähigkeit stärken vom 05.-07. Dezember 2002.

173 Vgl. Tarasov (2003b), in: Dokumentation zum internationalen Kolloquium: Fremdenfeindlichkeit bekämpfen und Demokratiefähigkeit stärken vom 05.-07. Dezember 2002.

174 Vgl. Tarasov (2003b), in: Dokumentation zum internationalen Kolloquium: Fremdenfeindlichkeit bekämpfen und Demokratiefähigkeit stärken vom 05.-07. Dezember 2002.

Unterstützung, wie sie die Bevölkerung während der sowjetischen Periode erfahren hatte, ein Katalysator.

Nach dem Transformationsprozess und der Umgestaltung des Staates und seiner Organisationsstrukturen traten immer mehr Kriminalität, Drogenabhängigkeit und Alkoholismus zutage, was vor allem durch den Wegfall des Bildungssystems und der Verschlechterung der allgemeinen Lebensbedingungen mitbestimmt wurde. Weitere soziale Probleme, wie z. B. Diskrepanzen innerhalb der Familie und die Unterversorgung der Jugendlichen, Arbeitslosigkeit und Geldmangel sowie Krankheiten und Prostitution begünstigen den Eintritt in subkulturelle Szenen. Vor allem der Zerfall des Bildungs- und Erziehungssystem riss tiefe Wunden in die postsowjetische Gesellschaft und so wurden viele Schulen geschlossen und der Staat entzog sich somit dem Erziehungsauftrag, was zum Teil darin resultierte, dass die Bildung nicht mehr für alle Kinder und Jugendliche garantiert werden konnte.[175] Ferner gibt Tarasov hierbei an, dass die „Reform von Asmolov – Tichonov unvermeidlich dazu geführt hat, dass Russland ein Land der Analphabeten wurde und dadurch – ein Land der aggressiven Nationalisten (Fremdenfeindlichkeit), denn es sei schon lange bewiesen, dass Fremdenfeindlichkeit nur durch Ausbildung und Erziehung zu bekämpfen sei."[176] In der Sowjetzeit wurde das Freizeitangebot durch den Staat abgesichert, wenn man sich parallel zur staatlichen Doktrin bewegte. Im neuen Russland fiel auch dieses Angebot der Umstrukturierung zum Opfer und wurde für die breite Masse sehr schwer zugänglich. Somit verlagerten sich die außerschulischen Aktivitäten der Jugendlichen auf die Straße und es kam nicht selten zu einer Art Bandenformierung, die von Kriminalität geprägt war und sich oft zu einzelnen Skinheadgruppen weiterentwickelte. Hier erklärt Tarasov, dass die „Skinheads in Russland kein Produkt von nationalen, sondern sozialen Erschütterungen"[177] seien und somit sich als sozialer Prostest äußerten.[178] Diese konzentrierten sich jedoch auf die großen Metropolen, wie z. B. Moskau oder St. Petersburg, wo die Entwicklung der neuen Gesellschaft offensichtlich war

[175] Vgl. Tarasov (2003b), in: Dokumentation zum internationalen Kolloquium: Fremdenfeindlichkeit bekämpfen und Demokratiefähigkeit stärken vom 05.-07. Dezember 2002.

[176] Tarasov (2003b), in: Dokumentation zum internationalen Kolloquium: Fremdenfeindlichkeit bekämpfen und Demokratiefähigkeit stärken vom 05.-07. Dezember 2002.

[177] Tarasov (2003b), in: Dokumentation zum internationalen Kolloquium: Fremdenfeindlichkeit bekämpfen und Demokratiefähigkeit stärken vom 05.-07. Dezember 2002.

[178] Tarasov (2003b), in: Dokumentation zum internationalen Kolloquium: Fremdenfeindlichkeit bekämpfen und Demokratiefähigkeit stärken vom 05.-07. Dezember 2002.

und kleinere Städte, in denen es noch ein Gleichgewicht gab, waren davon weniger betroffen.[179]

Der Prozess der ‚Rehabilitierung des Faschismus' trat ebenfalls in den 1990er Jahren auf, der vor allem durch die Macht und den neoliberalen Medien gefördert wurde: Hierbei spielt vor allem die Veröffentlichung der Werke Michail Menšikovs eine Rolle, welcher von den Bolschewiken im Jahre 1918 erschossen wurde, ein offener Pro-Faschist und Antisemit war, als Ideologe der *Schwarzen Hundert* galt und dem die neoliberale Presse den Weg eines schuldlosen Opfers zuteilte.[180] Weitere Aktionen waren u. a. die ‚Kampagne zur Rehabilitation Hitlers Mithelfer – dem General Vlasov', Züge des Geschichtsrevisionismus in russischen Lehrbüchern, die Hitler als Opfer darstellten und der Behauptung, dass „die Faschismus-Niederlage eine schädliche Erscheinung durch die Sowjetische Armee war, da sie zur Errichtung des prosowjetischen Regimes in Osteuropa geführt hat"[181], was den Schluss zuließ, dass „alle Gegner von Stalin und den Kommunisten in der Geschichte Recht hatten und somit ‚Hitler Recht hatte'."[182] Demzufolge war die Massenveröffentlichung von Hitlers *Mein Kampf*[183] und zahlreichen Memoiren von NS-Führern, wie z. B. *Der Mythos des 20. Jahrhunderts* von Rosenberg, die *Doktrin des Faschismus* von Mussolini sowie die Bücher von Rezun, in denen der „Geschichtsrevisionismus in der Weißwaschung Hitlers seinen Höhenpunkt fand"[184], keine Überraschung mehr. Darüber hinaus entstanden nennenswerte Gruppierungen, wie z. B. *Skinlegion, Blood & Honour – Russische Filiale, Vereinigung der Brigade-88, Weiße Bulldoggen, Lefortovskij Front* sowie *Hammerskin Nation* in Moskau und z. B. *Russische Faust, Kolovrat, Nord* sowie *White Bears* in St. Petersburg.[185]

---

179 Vgl. Tarasov (2003b), in: Dokumentation zum internationalen Kolloquium: Fremdenfeindlichkeit bekämpfen und Demokratiefähigkeit stärken vom 05.-07. Dezember 2002.

180 Vgl. Tarasov (2003b), in: Dokumentation zum internationalen Kolloquium: Fremdenfeindlichkeit bekämpfen und Demokratiefähigkeit stärken vom 05.-07. Dezember 2002.

181 Tarasov (2003b), in: Dokumentation zum internationalen Kolloquium: Fremdenfeindlichkeit bekämpfen und Demokratiefähigkeit stärken vom 05.-07. Dezember 2002.

182 Tarasov (2003b), in: Dokumentation zum internationalen Kolloquium: Fremdenfeindlichkeit bekämpfen und Demokratiefähigkeit stärken vom 05.-07. Dezember 2002.

183 Hitlers *Mein Kampf* wurde in die Liste extremistischer Literatur aufgenommen und ist in Russland verboten.

184 Tarasov (2003b), in: Dokumentation zum internationalen Kolloquium: Fremdenfeindlichkeit bekämpfen und Demokratiefähigkeit stärken vom 05.-07. Dezember 2002.

185 Vgl. Tarasov (2003b), in: Dokumentation zum internationalen Kolloquium: Fremdenfeindlichkeit bekämpfen und Demokratiefähigkeit stärken vom 05.-07. Dezember 2002.

Obwohl bereits im Jahre 1995 El'cin ein faschistisches Problem im Land bemerkte und erste Gesetze verabschiedet wurden, blieben die meisten Nazi-Skins straflos und wurden von der Staatsmacht unterstützt, die Sicherheitsorgane sympathisierten mit ihnen, Presse und Staatsmacht leugneten ein Problem mit Skinheads – all das hatte zur Folge, dass sie sich zu einer dynamischen Bewegung entwickelten. Eine Kooperation existiert zu westlichen Skinheads und zu anderen ultranationalistischen Rechten, die sich gegenseitig unterstützen und zusammenarbeiten. Die russischen Skinheads wurden immer gewaltbereiter, setzten Waffen bei Überfällen ein, traten vermehrt als Gemeinschaft auf und verließen somit den Bereich der Einzelkämpfer.[186] Bereits in den 1990er Jahren war es offensichtlich, dass die Netzwerke der Skinheads staatlich sympathisiert und unterstützt wurden: Rechtsextremistische und faschistische Parteien sahen die Skins als Reserve und Basis des sozialen Protests, die Medien widmeten sich verstärkt den Skinheads und ließen sogar wortführende Ideologen ihre faschistischen, rassistischen und antisemitischen Ansichten in den Medien verbreiten.[187]

3.2 Katalysatoren des jugendkulturellen Rechtsextremismus

Für die Ursachenforschung, warum der Rechtsextremismus solch einen Anreiz auf viele Jugendliche hat, gibt es eine Vielzahl von Erklärungsansätzen, die hier aber aufgrund ihrer Komplexität nicht analysiert werden. Dennoch spielen für die Erforschung verschiedene Ansätze, wie z. B. historische Deutungsmuster, phänomenologische Ansätze sowie soziologische Erklärungsansätze und die Psychologie des Rechtsextremismus eine gewichtige Rolle. Mithilfe der relativen Deprivationstheorie[188] kann man zum Beispiel den Grad der Unzufriedenheit in Zu-

[186] Vgl. Tarasov (2003b), in: Dokumentation zum internationalen Kolloquium: Fremdenfeindlichkeit bekämpfen und Demokratiefähigkeit stärken vom 05.-07. Dezember 2002.

[187] Vgl. Tarasov (2003b), in: Dokumentation zum internationalen Kolloquium: Fremdenfeindlichkeit bekämpfen und Demokratiefähigkeit stärken vom 05.-07. Dezember 2002.

[188] „Relative Deprivation wird als die von den Handelnden wahrgenommene Diskrepanz zwischen ihren Werterwartungen und ihren Wertansprüchen definiert. Werterwartungen sind die Güter und Lebensumstände, von denen die Menschen annehmen, dass sie ihnen rechtmäßig zustehen. Wertansprüche sind die Güter und Bedingungen, von denen sie glauben, dass sie sie erreichen und behalten können. [...] Zentrum und Ausgangspunkt ist das Gefühl der heit." (Vgl. Sellmeier (2007), in: Kloninger (2006), S. 30).

sammenhang von enttäuschten Werterwartungen, subjektivem Benachteiligungsgefühl und dem politischen Protest als Ventil ermitteln.[189]

Rechtsextremistische Einstellungen sind vor allem für gesellschaftlich benachteiligte Personen attraktiv, weil sie sich in ihrer gesellschaftlichen Stellung, subjektiv betrachtet, bedroht fühlen.[190] Hierbei ist die Attraktivität des Rechtsextremismus für Jugendliche eine Wechselwirkung zwischen den gesellschaftspolitischen und sozialen Rahmenbedingungen und die dem Rechtsextremismus zugrunde liegenden gruppenspezifischen Elementen, welche z. B. an die vermittelnde Stärke, Zusammenhalt, Provokation (kriminelle und gewalttätige Handlungen, Rückgriff auf z. B. nazistische Symbole geben öffentliche Resonanz), Anerkennung, Gruppendynamik und Kameradschaft anknüpfen.[191]

Der Anreiz des Rechtsextremismus liegt in erster Linie in der Individualität des Jugendlichen und seiner typischen Verhaltensweisen. Gerade im Jugendalter ist der Jugendliche „auf der Suche nach Zugehörigkeit und Anerkennung, nach Selbstwirksamkeit und Sinn“ [192], wobei der Rechtsextremismus ihm eine „einbindende Lebenswelt und spezifische Deutungsmuster“ [193] bietet. Oft wird hier der soziale Wandel der Gesellschaft hervorgehoben, welcher mit der Markierung der politischen Kultur einhergeht, wobei Winkler anmerkt:

> Je verbreiteter autoritäre, ethnisch-nationalistische und kollektivistische Wertvorstellungen und je kohärenter diese Einstellungen in einer Gesellschaft sind, desto wahrscheinlicher ist die Herausbildung rechtsextremer Orientierungen und desto günstiger sind die Entwicklungschancen rechtsextremer Bewegungen.[194]

Unter den Bedingungen sozialer Ungleichheit und der Verschlechterung des gesellschaftspolitischen Rahmens werden hier Räume geschaffen, die Katalysator für eine „affektive Gestimmtheit für rechte Mentalitäten, Stereotypen und Vorurteile, für Fremdenfeindlichkeit und Rassismus sind, die in der Deutung und Verarbeitung biografischer und sozialer Realität auch zu jugendkulturellen und organisatorischen Ausprägungen und Verhaltensmuster führen.“[195]

---

[189] Vgl. Sellmeier (2007), in: Kloninger (2006), S. 30.
[190] Vgl. Vogelgsang (2007), S. 9.
[191] Vgl. Vogelgsang (2007), S. 13ff.
[192] Hafeneger /Becker (2007), S. 9.
[193] Vgl. Hafeneger /Becker (2007), S. 9.
[194] Winkler (2000), in: Schubarth /Stöss (2000), S. 59.
[195] Hafeneger /Becker (2007), S. 11.

Der jugendkulturelle Rechtsextremismus ist hierbei charakterisiert als ein „Misch- und Übergangsfeld aus szenetypischen Eigensinn (Rigidität), rebellischer Attitüde und (vor)politischen Protest, aus authentischen Gesinnungsausdruck (mit der Faszination am Extremen) und Provokation in komplizierten und langen, unsicheren und prekären Prozessen des Erwachsenwerdens."[196] Bei dem Eintritt in die rechtsextreme Jugendkulturszene tritt ein Zusammenspiel von psychischen, sozialen und ideologischen Motiven in den Vordergrund, denn „oft sind es rechte Gruppierungen und Peer-Netzwerke, die das jugendliche Bedürfnis nach Abenteuer, Selbstbehauptung und Protest aufgreifen."[197]

Der jugendkulturelle Rechtsextremismus ist somit ein Zusammenspiel von Cliquen, Szenen, Milieus und Stilen, welcher sehr facettenreich ist und grob folgende Merkmale besitzt: Bedeutung als Sozialisationsmilieu, spezifischer jugendkultureller Stil, Dress-Code und Habitus mit seiner Ästhetik (Sprache, Musik, Kleidung, Frisur, Symbolen, Tätowierungen, Accessoires, Konzertbesuche, Treffen, Alkohol, Zeitschriften und Magazine, Action, Propaganda), ideologische Facetten und verbindende Metaphern (Fremdenfeindlichkeit, Ethnozentrismus, Rassismus, Abwertung von anderen Jugendkulturen, z. B. Punks, Ethnisierung von sozialen Problemen), ‚diffus-rebellische' oder ‚ideologisch-konturierte' Protestelemente (das *‚In'-Sein von ‚Rechts'-Sein*), aggressiver maskuliner Stil, demonstrative Körperlichkeit und ‚potenzielles Übergangsfeld in den organisierten Rechtsextremismus'.[198]

---

[196] Hafeneger /Becker (2007), S. 12.
[197] Hafeneger /Becker (2007), S. 13.
[198] Hafeneger /Becker (2007), S. 16.

3.3 Gesellschaftspolitische und soziale Rahmenbedingungen im heutigen Russland

Ein zentrales Problem bei der Bestimmung des Extremismus jeglicher Art ist die Vernachlässigung der gesellschaftspolitischen Ursachen, was darin mündet, dass der Extremismus oft als „Gegner der bestehenden politischen bzw. Staatsordnung und nicht als ein soziales Phänomen, das (mitten) in der Gesellschaft wurzelt"[199], angesehen wird. Nach Jaschke sind „Rechtsextremismus und Fremdenfeindlichkeit modernitätskritische Protestsyndrome."[200]

Die Katalysatoren dieses Protests von rechts sind hierbei die soziale Ungleichheit, die Armutsentwicklung, die Anomie[201] und der Konkurrenzdruck, der Widerspruch zwischen einer existierenden multikulturellen Gesellschaft und ihrer gleichzeitigen politischen Negation sowie gesellschaftliche Tendenzen der Ethnisierung sozialer Beziehungen, wobei sich das Resultat vor allem in einer Aktivierung von Sündenbockmechanismen und Militanz zeigt.[202] Somit ist der Rechtsextremismus nach Jaschke als ‚soziale Bewegung' anzusehen, die aus zwei Hauptelementen der Veränderungen in der Gesellschaft hervorgeht: aus Ethnisierungsprozessen und aus so genannten Individualisierungsschüben.[203]

Die heutige Jugend stellt vorwiegend die erste Generation des neuen Russlands dar und zeichnet sich insbesondere dadurch aus, dass diese einerseits nach Unabhängigkeit und mehr Verantwortung für ihr Leben, nach mehr Mobilität, nach mehr Bildung zur Verbesserung der Chancen auf dem Arbeitsmarkt und zur Förderung der Karriere sowie nach Integration in der internationalen Gemeinschaft strebt; doch andererseits belasten Probleme im gesellschaftlichen Leben und im sozialen Umfeld die Jugendlichen.[204] Die Jugend fungiert als Seismograph einer Gesellschaft und ist der Spiegel von Gesellschaft und Politik, vor allem in Zeiten von Umbrüchen, aber auch Richtungs- und Tempoänderungen.[205] Der Anziehungspunkt des Rechtsextremismus

[199] Butterwegge (2002b), S. 7.
[200] Jaschke (1994), S. 20.
[201] Hierbei ist vor allem das Problem der individuellen bzw. kollektiven Schwierigkeit bezüglich ihrer Anpassung an neue gesamtgesellschaftliche bzw. soziale Normen gemeint.
[202] Vgl. Jaschke (1994), S. 20.
[203] Butterwegge (2002b), S. 17.
[204] Vgl. Department für Jugendpolitik des Ministeriums für Bildung der Russischen Föderation (2001), S. 3.
[205] Vgl. Department für Jugendpolitik des Ministeriums für Bildung der Russischen Föderation (2001), S. 3.

speist sich eben aus diesen Bedingungen, mit denen sich die Jugendlichen konfrontiert sehen. Die Dimension, die der Zerfall der Sowjetunion hatte, spiegelte sich in einem raschen gesellschaftlichen Wandel wider.

Eine Studie aus dem Jahre 2008 und der daraus folgenden Ausgabe *Soziologische Dimensionen der russischen Identität*[206] zeigt, dass die russischen Jugendlichen mit ihrer Situation nicht allzu zufrieden sind: Vor allem die Lage auf dem Arbeitsmarkt, das Ausbildungsniveau und das niedrige Einkommen belastet viele junge Russen. Diese unzufriedene materielle Lage wirkt sich nachhaltig auf das soziale Befinden aus.[207] Bei der Bemessung der Dynamik des sozialen und psychologischen Befindens wurde festgestellt, dass 78 % der Jugendlichen bis 25 Jahre oft oder gelegentlich Hilflosigkeit und Unfähigkeit verspüren, um auf die aktuellen Vorgänge im Land Einfluss nehmen zu können.[208] Des Weiteren gaben 90 % der Jugendlichen an, oft oder manchmal eine Ungerechtigkeit dessen zu empfinden, was um sie herum geschah und 74 % derer schämten sich für den Zustand ihres Landes und weitere 66 % waren der Ansicht, dass es nicht so weiter gehen könne.[209]

Ein wichtiger Indikator für die gesellschaftspolitischen Rahmenbedingungen ist die Frage nach der Selbstidentifizierung und der Weltanschauung der russischen Jugendlichen. Bei der allgemeinen Bewertung überwog der ethnische Faktor im System der Wir-Identifikationen als der nationale, und zeugt von zwischenethnischen Spannungen, wobei die Wir-Identifikation nach Volkszugehörigkeit sich als wichtiger erweist als die ethnische.[210] Ebenso wichtig ist die Selbst- bzw. Ich-Identifikation, die dem Russen eine Rolle in der Gemeinschaft zuteilt und die Mehrheit der Jugendlichen die Rolle als Bürger Russlands als eine für sie am bedeutendsten Sozialrolle charakterisiert hat (vgl. Studie: 65 % der Befragten).[211] Darüber hinaus zeigt die folgende Übersicht individuelle Einschätzungen russischer Jugendlicher, Bezug nehmend auf einzelne Bereiche ihres gesellschaftlichen und privaten Lebens:

206 Eine Studie des Soziologischen Instituts der Russischen Akademie der Wissenschaften, welche Befragungen in den Jahren 1998, 2004 und 2007 durchführten, um die soziale, gesellschaftspolitische und wirtschaftliche Situation in Russland zu analysieren.
207 Vgl. Gorškov (2008), S. 7.
208 Vgl. Gorškov (2008), S. 10.
209 Vgl. Gorškov (2008), S. 10.
210 Vgl. Gorškov (2008), S. 14.
211 Vgl. Gorškov (2008), S. 17.

Abbildung 1:

Meinungen der Russen über das Gewicht einzelner Bereiche ihres gesellschaftlichen und privaten Lebens (in %)

	Sehr wichtig	Eher wichtig	Eher unwichtig	Überhaupt nicht wichtig
Familie	91	8	1	0
Freunde	58	35	7	0
Freizeit	46	40	12	1
Politik	10	26	46	18
Arbeit	64	28	5	2
Religion	18	36	32	13

Datenquelle: Soziologische Dimensionen der russischen Identität[212].

Abbildung 2:

Anteil der Anhänger der modernistischen bzw. traditionalistischen Weltanschauung unter den Vertretern verschiedener Alterskohorten (in %)

Weltanschauungstypen	Alterskohorten				
	16 - 25	26 - 35	36 - 45	46 - 55	56 - 65
2007					
Modernisten	27	25	21	15	11
Zwischenschicht	34	34	33	37	26
Traditionalisten	39	41	46	48	63
2004					
Modernisten	37	32	27	19	13
Zwischenschicht	33	36	34	32	28
Traditionalisten	29	32	39	49	59

Datenquelle: Soziologische Dimensionen der russischen Identität[213].

Bei der Selbsteinschätzung der Jugendlichen ist auch die Frage nach der Verteilung der Weltanschauungstypen wichtig: 39 % der 16 bis 25-jährigen und 41 % der 26 bis 35-jährigen gaben an, dass sie Traditionalisten seien.[214] Hierbei ist erstaunlich, dass

[212] Gorškov (2008), S. 25.
[213] Gorškov (2008), S. 19.
[214] Vgl. Gorškov (2008), S. 18ff.

der Weltanschauungstyp vom Bildungsgrad beeinflusst wird und die meisten Traditionalisten einen Oberschulabschluss und 40 % einen Hochschulabschluss haben.[215]

In Bezug auf die soziale Gleichheit befürworten ungefähr 62 % der 26 bis 35-jährigen eine Selbstverwirklichung und Chancengleichheit.[216] Allgemein kann hier weiter angeführt werden, dass die gegenwärtige russische Gesellschaft ernst zu nehmende Erschütterungen ihrer kollektiven Identität empfindet, wonach nach einigen Forschern Russland „zwischen der zerfallenden sowjetischen Identität und der noch nicht völlig vollendeten nationalen Identität hängen geblieben ist"[217] und eine so genannte ‚Zwischenphase' kennzeichnet. Dies hat vor allem auch zum Resultat, dass sich die sozialen Probleme der Jugend weiter verschärfen. Darunter zählen vor allem: die soziale und ökonomische Schutzlosigkeit der Jugend, fehlende Bedingungen, die zum einen die sozialen Erwartungen, Anforderungen und Bedürfnisse sowie das Vorankommen der Jugendlichen in allen Phasen ihrer Entwicklung fördern und die zum anderen die soziale Beschäftigung und das Recht auf Arbeit, Bildung und kulturelle Entwicklung für sie sichern sowie die soziale Unangepasstheit der Jugend.[218] In diesem Sinne zeigt sich auch ein Defizit in der allgemeinen sozialen Eingliederung von Jugendlichen mit begrenzten Fähigkeiten, Waisenkindern und Jugendlichen aus zerrütteten Familien.[219]

In Russland existiert zwar ein gut ausgebautes Bildungssystem, dennoch gibt es demografische Differenzen: Im Zuge der Bildungspolitik wird die Erziehung nicht mehr von staatlicher Seite im ganzen Umfang unterstützt und die letzten Jahre waren eher von einer Schließung einer Vielzahl von Schulen geprägt, die vor allem die ländlichen Regionen betrafen. Auch ist die Bildung in Russland für viele junge Russen zu teuer, wobei sie gezwungen sind, neben dem Studium arbeiten zu gehen. Das demografische Problem beinhaltet auch eine sehr hohe Zahl der Arbeitslosigkeit, die für viele junge Russen in Perspektivlosigkeit mündet. Weitere Probleme der russischen Jugend zeigen sich in der steigenden Kriminalität, die vor allem aus den sozialen Problemen hervorgehen, wie z. B. Diskrepanzen innerhalb der Familie (auch häusliche Gewalt bzw. körperliche Bestrafung), Alkoholkonsum der Eltern, die

[215] Vgl. Gorškov (2008), S. 33.
[216] Vgl. Gorškov (2008), S. 32.
[217] Vgl. Gorškov (2008), S. 49.
[218] Vgl. Alexeeva et al. (2007), in: Schubarth et al. (2007), S. 46.
[219] Vgl. Agranovič et al. (2005), S. 1ff.

Unterversorgung der Jugendlichen und der Alkohol- und Drogenkonsum der Jugendlichen selbst.

Ein weiteres Problem für junge Russen ist die Kluft zwischen den Armen und den Reichen des Landes und darüber hinaus die Gefährdung bestimmter sozialer Gruppen weiter zu verarmen, wie z. B. alleinerziehende Mütter, kinderreiche Familien und ältere Menschen, wobei es hier sehr starke regionale Unterschiede gibt.[220] Natürlich schauen viele jungen Russen optimistisch in die Zukunft – zumindest optimistischer als ihre Eltern – und empfinden einen Anstieg ihrer Lebensbedingungen – obwohl viele junge Russen Unterstützung seitens ihrer Eltern benötigen.

Weiterhin ist die Migration ein großes Thema in Russland. Diese findet vor allem ihren Ausdruck in Migrationsströmen (vor allem die Arbeitsmigration) aus ländlichen Gebieten nach Zentralrussland bzw. nach Moskau. Einer Studie zufolge wohnen in Russland 13 Millionen Ausländer, worunter ca. 1,3 bis 1,5 Millionen Migranten ohne Papiere sind.[221] Vor allem die schwache Gesetzeslage auf dem Arbeitsmarkt und der Fakt der ansteigenden Schwarzarbeit führen zu einer Gefahr der Ausbeutung durch die Arbeitgeber, welche durch unzureichende Bezahlung, fehlende Sozialleistungen bis hin zu körperlicher Gewalt charakterisiert ist.[222] Die politischen Rahmenbedingungen haben sich für viele junge Russen ebenso verändert, wie z. B. Korruption, politische Skandale und der Aufstieg der Oligarchen, die oft mit einer Verwilderung der Demokratie, wachsender politischer Instabilität und einer korrupten Elite verglichen werden.[223] Die politische Vertrauensfrage der jungen Russen beschreibt Dafflon wie folgt:

> Die Haltung der jungen Russen der Politik gegenüber ist in der Tat voller Kontraste. Auf der einen Seite hebt die Studie ein hohes Maß an Misstrauen gegenüber den russischen Politikern und Institutionen und das politische System als Ganzes hervor, während auf der anderen Seite die politische Richtung von Präsident Vladimir Putin sowohl auf der nationalen als auch auf der internationalen Ebene von der Mehrheit der Befragten befürwortet wird.[224]

[220] Vgl. Dafflon (2009), S. 14.
[221] Vgl. Dafflon (2009), S. 15.
[222] Vgl. Dafflon (2009), S. 16.
[223] Vgl. Dafflon (2009), S. 22.
[224] Dafflon (2009), S. 22, Original-Zitat: "The attitude of young Russians towards politics is in fact full of contrasts. On the one hand, the survey highlights a high degree of distrust towards Russian politicians and institutions, and the political system as a whole, while on the other hand the political direction taken by President Vladimir Putin both on the domestic and international levels are approved by majority of respondents."

Des Weiteren sind die jungen Russen etwas desillusioniert der politischen Elite gegenüber, da 80 % der Meinung sind, die russischen Politiker interessiere es nur gewählt zu werden, und nicht das, was der Wähler möchte.[225]

Abbildung 3:
Grad des Vertrauens bzw. Nichtvertrauens der Russen in die staatlichen und gesellschaftlichen Institute (in %), Stand: 2007

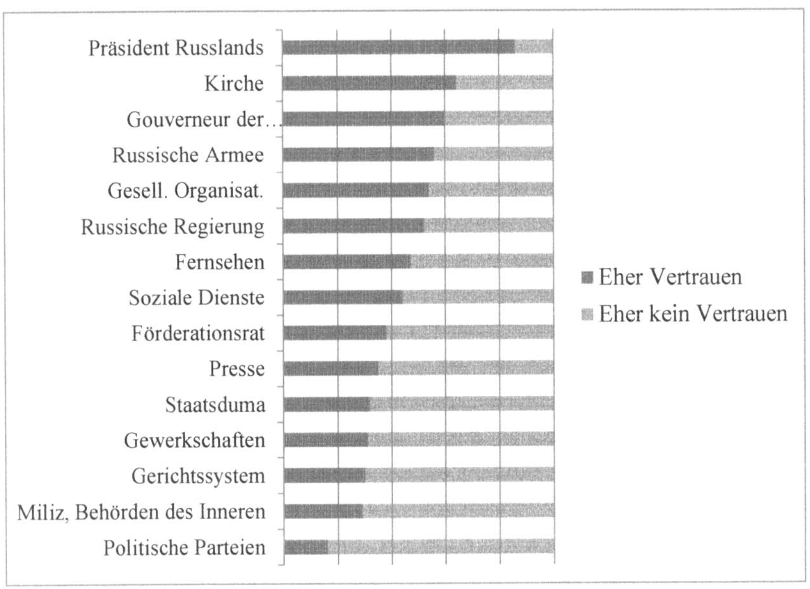

Datenquelle: Soziologische Dimensionen der russischen Identität[226].

In der politischen Führung bevorzugen viele junge Russen eine starke Hand, die Russland als Großmacht wiederherstellt, auch welches in Opposition mit dem Westen tritt, wobei hier vor allem die Opposition zu den USA hervorgehoben wird.[227] Weitere Feinde werden durch die jungen Russen wie folgt charakterisiert: internationale

[225] Vgl. Dafflon (2009), S. 22.
[226] Gorškov (2008), S. 37.
[227] Vgl. Dafflon (2009), S. 25.

Terroristen, Faschisten und Skinheads, die USA, islamistische Extremisten, die Menschen aus dem Kaukasus, Bürokraten, die NATO und die Oligarchen.[228]

Abbildung 4:
Wen würden Sie als Russlands Feinde betrachten (in %)?

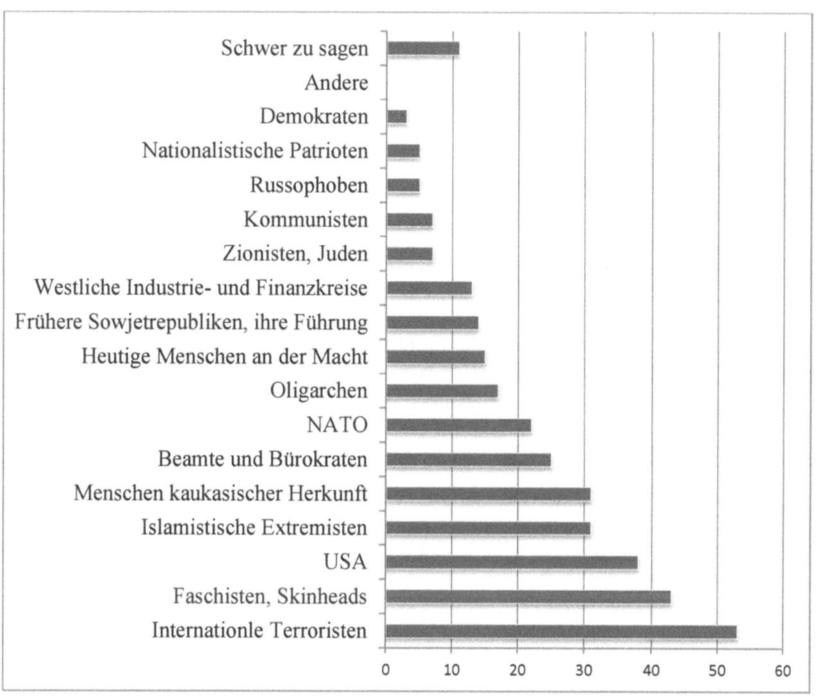

Datenquelle: Youth in Russia – The Portrait of a Generation in Transition[229].

Ein weiteres Problem stellen die inneren ethnischen Beziehungen dar, die vor allem durch die Tschetschenienkriege forciert wurden. Viele junge Russen sehen die kaukasischen Bürger als Feinde, gefolgt von den Einwohnern Zentralasiens. Diese Tatsache trug zur Entwicklung des Nationalismus unter den russischen Jugendlichen bei. Nach Dafflon zeigt sich ein Trend von steigender Intoleranz unter den russischen Jugendli-

[228] Vgl. Dafflon (2009), S. 25.
[229] Dafflon (2009), S. 25.

chen. Diese findet ihren Ausdruck vor allem in der Haltung und Ablehnung gegenüber Mitgliedern der nationalen Minderheiten und illegalen Einwanderern. Somit kann man von einem hohen Niveau der Diskriminierung und Stigmatisierung von Minderheiten sprechen, die langfristig eine gesellschaftliche Instabilität nach sich ziehen kann.[230]

3.4 Das Wertesystem der jungen russischen Rechten

3.4.1 Die White Power – Bewegung

Unsere Haut ist unsere Uniform. Unsere Haut ist unsere Religion (*White Power*).[231]

Die russischen Rechtsextremisten besinnen sich in schwierigen Zeiten auf ethnische Solidarität, Traditionen und Werte zurück, die mit grundlegenden Elementen einhergehen und sich in ein allgemeines Wertesystem einfügen lassen, welches Hankel wie folgt bestimmt[232]:

- *die Nation, deren Interessen über denen des Staates stehen,*
- *die (weiße) Rasse,*
- *der Patriotismus,*
- *der Feind (Juden, Amerikaner, Oligarchen, Nicht-Russen usw.),*
- *die Ordnung,*
- *die Nationale Revolution,*
- *der Russische Nationale Staat,*
- *der ‚Führer'.*[233]

Diese Werte bilden darüber hinaus die Basis für eine grundlegende Ideologie, die sich in Russland aus der Bewegung *White Power*[234] herausgebildet hat. White Power verkörpert hierbei eine militant-rassistische Grundeinstellung. In Russland wurzelt diese Bewegung in den frühen 1990er Jahren und wird oft mit der Skinhead-Bewegung in Verbindung gebracht, die sich parallel zu den faschistischen Parteien und Organisati-

230 Vgl. Dafflon, S. 27ff.
231 Zitat aus: Schweizer (2008): White Terror.
232 Vgl. Hankel (2011), S. 43.
233 Vgl. Hankel (2011), S. 43.
234 Russ:.«Белая сила» [«Главенство белой расы»] / «Уайт пауер» . Die Abkürzung ist besonders szeneintern WP. Synonym spricht man auch von *White Aryan Power* (WAP). Ihr oberstes Credo schließt sich hierbei aus der Überlegenheit der *weißen Rasse*.

onen entwickeln konnte. Für die White Power – Bewegung stellt Russland eine Art ‚gelobtes Land' dar und gilt als „Schlüssel für das Überleben der weißen Rasse."[235] In Russland werden zudem „Zuschreibungen wie ‚Russen', ‚Slaven', ‚Ariern' und ‚Weiße' weitgehend zu Synonymen. Darüber hinaus bilden sie eine Brücke zwischen dem Anspruch der Faschismusanhänger, zur überlegenen Rasse zu gehören, und der ehemaligen nationalsozialistischen Verachtung der Slaven als ‚Sklavenvolk'."[236]

Die Struktur der White Power-Gemeinschaft ist weitestgehend autonom und basiert auf dem Prinzip von Bündnissen und der Geheimhaltung. Die WP-Gemeinschaft bildet grundsätzlich eine eigene Subkultur, aber dennoch sind Kooperationen mit anderen ultranationalistischen Gruppierungen nicht außergewöhnlich. WP-Aktionen sind vor allem spontan und unterstehen keiner Kontrolle und werden nur kurzfristig angekündigt. Zu den Gruppen der WP-Gemeinschaft in Russland gehören vor allem die Nazi-Skins, die Skin-Hools oder auch Hooligans mit ultrarechten Tendenzen, die Neofaschisten, die Neuheiden, die Neonazis sowie die slavische Goten.

White Power agiert international und bildet in den jeweiligen Ländern so genannte Abteilungen, wie z. B. *White Power – Russia*, welche verboten wurde. Die Vertreter dieser Bewegung kommunizieren vorrangig per Internet, zumal die Rechtsextremen die Möglichkeit des Internets als erste für ihre Aktionen nutzten, um so viele Anhänger zu erreichen. Die WP-Gemeinschaft dient vielen Jugendlichen als eine Art Rettungsanker, in welcher sie einen Familienersatz finden. Viele Zugänge zu dieser Gemeinschaft speisen sich aus den sozialen, politischen und wirtschaftlichen Rahmenbedingungen der jeweiligen Gesellschaft. Die WP-Bewegung hat ihre Wurzeln in den USA und beruht vorwiegend auf Gesinnung und Musik, worüber sie ihre Botschaften vermitteln.

Neben White Power existiert auch ein Ableger, welcher in der Tradition zu WP steht – *Blood & Honour*. Die Gründung von *Blood & Honour* geht auf Ian Stuart Donaldson[237] zurück und bildet ein Netzwerk für die Organisation rechtsextremer Bands und der Vermarktung rechter Propaganda- bzw. Markenartikel und Medien, wie z. B. Ton- und Bildträger, Magazinen, Symbolik, Kleidung usw. Des Weiteren gehören zur

[235] Schweizer (2008): White Terror.
[236] Trepper (2009), in: Kultura, Nr. 4/2009, S. 2.
[237] Des Weiteren ist er Sänger der Rechts-Rock-Band *Skrewdriver*. Er kam im Jahre 1993 bei einem Autounfall ums Leben, worum es szeneintern vielfältige Verschwörungstheorien gibt. Ian Stuart hat eine Art ‚Kultstatus' innerhalb der Szene und ihm wird jährlich an seinem Todestag gedacht.

WP-Bewegung auch die so genannten *Hammerskins*[238]. Die Hammerskins ist eine Bewegung aus Dallas, welche im Jahre 1987 nach dem Motto „Eine Bewegung der Skinheads für alle Skinheads zu machen“ gegründet wurde.[239] Das Symbol der Bewegung sind zwei sich kreuzende Hämmer und sie verstehen sich als eine Art kämpfende Elite innerhalb der Skinhead-Bewegung, dessen Charakteristik vor allem die aggressive Ideendurchsetzung und die Verherrlichung des Hitler-Regime ist:[240]

- Begeisterung für die Indoktrinierung der Massen durch Hitler,
- Pessimismus gegenüber des gegenwärtigen Systems der Welt,
- sehen sich als Erlöser der Probleme und der aus dem Lot geratenen Welt.

Die Ideologie von White Power ist vor allem rassistisch gesinnt. Der Grundsatz dieser Bewegung liegt in der Überlegenheit der *weißen Rasse* bzw. der *Vormachtstellung der weißen Rasse.* Hierbei handelt es sich vor allem um die Rettung der weißen Rasse und offenbart sich in einer Angst gegen alles Fremde und Andersartige. Dies äußert sich vermehrt in einem verstärkten Rassismus und darüber hinaus zählen der Antiislamismus, Homosexuelle, Obdachlose sowie Antifaschisten zu ihren Feindbildern.[241] Exemplarisch ist auch, dass die Anhänger von WP sich in einer Opferrolle sehen, und dass nach ihrer Auffassung „die weiße Rasse ausstirbt.“[242] Ihre Botschaft erklären sie wie folgt: „Dass Weiße Recht auf ihr eigenes Schicksal und die Kontrolle darüber haben.“[243]

Die Bewegung versteht sich auch in der Rekrutierung von Jugendlichen, die sich mit ihrer Idee gewinnen wollen. Ihre Zukunft sehen sie vor allem in dem Heranwachsen einer nicht überschaubaren Landschaft kleinerer Gruppen mit rassistischen Zügen. Dabei ist die Altersgruppe der 14 bis 16-jährigen Jugendlichen von besonderem Interesse, da diese „ideologisch beeinflussbar sind und in ihnen die Idee reifen solle.“[244]

Das Symbol ist die WP-Faust, welches als eines der wichtigsten Symbole neben dem WP-Keltenkreuz gilt. Hierbei stellt die WP-Faust „ursprünglich das Gegenstück weißer US-Rassisten zur Faust der afro-amerikanischen Black-Power-Bewegung“[245] in den 1980er Jahren dar. Dabei ist der Slogan *White Power* auch bei den russischen ju-

[238] In Russland tragen sie den Namen *The Hammers*.
[239] Schweizer (1998): Skin or Die.
[240] Vgl. Schweizer (1998): Skin or Die.
[241] Vgl. Schweizer (2005): Skinhead Attitude.
[242] Schweizer (2008): White Terror.
[243] Schweizer (2008): White Terror.
[244] Schweizer (2008): White Terror.
[245] Vgl. Kulick /Staud (2009), S. 209.

gendlichen Nazi-Skins zu vernehmen. Die WP-Gruppierungen befinden sich gegenwärtig in einem Reorganisierungsprozess und sind vor allem in den Untergrund abgetaucht. Hier kann man anmerken, dass sie sich durch diesen Zustand am Rande der Illegalität bewegen. Ebenso kann man diesen Prozess in Russland beobachten, was als Resultat einer verschärften Strafgesetzgebung und der intensiveren Verfolgung der rechtsextremistischen Gruppierungen zu betrachten ist. Dies hat zur Folge, dass viele rechtsextreme Gruppierungen aus dem Untergrund agieren und so die Szene zunehmend radikalisiert wird.

Darüber hinaus haben sich ihre Feindbilder verschoben: Waren früher sämtliche subkulturelle Gruppen und soziale Schichten im Visier, so wendet sich heute ihr Hass gegen den Staat und die staatlichen Sicherheitsorgane sowie gegen die Justiz. In Russland werden immer wieder staatliche Institutionen zur Zielscheibe von Bombenexplosionen, aber auch Subjekte der Justiz werden zum Opfer rechtsextremistischer Gewalt. Ihr Ziel versteht sich somit wie folgt: „Soziales Chaos schaffen, um die Demokratie zusammenbrechen zu lassen, auch all jene zu eliminieren, die sich ihnen in den Weg stellen“ [246], um so eine *Nationale Revolution* bewirken zu können.

Eine Besonderheit von White Power ist auch die Kooperation mit anderen religiösen Gruppen oder Sekten. Vor allem werden hierbei Zusammenhänge zwischen WP und dem *Ku-Klux-Klan* (KKK), ein rechtsterroristischer und rassistischer Geheimbund, beobachtet, wofür es auch in Russland latente Anzeichen gibt, die für den „Kampf der weißen Rasse“ zusammen einstehen.[247]

3.4.2 Blood & Honour

Bei *Blood & Honour* handelt es sich um eine internationale rechtsextreme Vereinigung, die vor allem rechtsextremistische Rockbands vernetzt und organisiert. Dabei wird die NS-Ideologie verbreitet und im engeren Sinne stellt diese Vereinigung auch ein rechtsextremes Netz der Skinheads dar. Wie bereits erwähnt, wurde Blood & Honour von Ian Stuart, dem Sänger der Band *Skrewdriver*, gegründet. Blood & Honour vertreibt zudem in Form eines Netzwerks des rechten Untergrunds vor allem Propa-

[246] Schweizer (2008): White Terror.
[247] Schweizer (2008): White Terror.

gandamittel, wie z. B. audiovisuelle Medien im Sinne von rassistischen Videos und Hetzkampagnen (vor allem aus eigener Produktion). Der Bereich der rechten Musik ist ein unverzichtbares Element für die Rekrutierung neuer Leute, wie z. B. auf Konzerten.[248]

Charakteristisch hierbei ist das Agieren auf internationaler Basis: Die vorwiegend im Untergrund agierende Organisation kann somit Verbote und die Zensur in einigen Ländern umgehen und stellt dabei eine „Revolte gegen die bestehende Gesellschaftsordnung“ [249] dar. Wie bereits erwähnt, dient die Musik als Mittel der Verbreitung ihrer nationalsozialistischen und rassistischen Ideen, in welcher sie ihre Parolen beimischen. Sie haben für sich erkannt, dass der Einstieg in die Szene für Jugendliche größtenteils über die Musik funktioniert und diese die Jugendlichen mehr als Flugblätter und irgendwelche Propagandamittel berührt.[250] Musik kann somit Ausdruck einer Lebenswelt sein und wird mit den Worten „Musik ist Dynamit“[251] charakterisiert. Da es sich hierbei vor allem um ein Netzwerk rechtsextremer Musikbands handelt, soll die russische B&H-Band *Kolovrat* [dt.: *Hakenkreuz*] als Beispiel genannt werden, die als erfolgreichste Rechtsrock-Band in Russland gilt und mit derzeitig 14 Alben eine „musikalische Untermalung für den aktuellen Neonaziterror im Land bietet.“[252] Die Band wurde 1994 erstmals unter dem Namen *Russisches Ghetto*[253] gegründet, bevor sie im Jahre 1997 umbenannt wurde:

> Kolovrat ist ein altes, slavisches, heidnisches Symbol für die Sonne (das Sonnenrad). Kolovrat ist, in der Tat, ein doppeltes Hakenkreuz mit allen acht Enden, die nach rechts gerichtet sind.[254]

Nach Angaben der Band geschah diese Namensänderung, um so die „NS-Orientierung zu unterstreichen. […] Kolovrat steht für das rechtsdrehende Swastika auf Russisch, auch ist es der Name des russischen Helden Evpaty Kolovrat, welcher die Mongolenhorden 1237/38 besiegte.“[255] Charakteristisch für die Band ist die Zuordnung ins *Rock against Communism* - Spektrum (dt.: *Rock gegen den*

---

[248] Vgl. Schweizer (2008): White Terror.
[249] Schweizer (2008): White Terror.
[250] Vgl. Schweizer (1998): Skin or Die.
[251] Schweizer (2005): Skinhead Attitude.
[252] OireSzene (2011), in: Antifaschistische Aktionen und Veranstaltungen zu Grauz, Internationales, Subkultur und Widerstand und Nazistrategien (2011).
[253] Original-Titel: Русское Гетто (Russkoje Getto).
[254] Encycopaedia mettalum (2011). Original-Zitat: „Kolovrat is an ancient slavic pagan symbol for the Sun (Sun's Wheel). Kolovrat is, in fact, a double swastika with all eight ends pointed right."
[255] MF-Zine (o. J.): Kolovrat (Rußland).

Kommunismus) und die Anbindung an das militant-neonazistische Hooligan-Milieu.[256] Die Ideologie der Band kombiniert die typischen Elemente des russischen Neonazismus, der von extremen Antisemitismus, Rassismus[257] und russischem Nationalismus geprägt ist [258]; schwört den „Zusammenhalt der ‚weißen Völker Europas' gegen andere ‚Rassen'"[259], und ist „ein nötiger Winkelzug, galten doch die Russen als Slaven im historischen Nationalsozialismus nicht eben als ein ‚Herrenvolk', zu denen *Kolovrat* sich selbst selbstverständlich zählen."[260] Dennoch gleicht die Lage der russischen B&H-Bands dem ihrer westlichen Gesinnungsgenossen: Viele Bands wurden verboten, Organisationen zerschlagen und es blieb nur das Abtauchen in den russischen Untergrund. Von dort aus agieren sie weitestgehend anonym, geheim und zuweilen autonom. Konzerte werden kurzfristig bekannt gegeben und der Vertrieb von Fanartikeln und Propagandamitteln läuft über das Internet oder über den manuellen Vertrieb.

3.5 Die Facetten der rechtsextremen Jugendgruppierungen

> Die extremistischen Elemente unterschiedlicher Richtungen schlafen nicht, sie müssen ihre Reihen mit neuen Mitgliedern auffüllen, aber woher sollen sie sie nehmen? Natürlich aus dem Kreis der Jugend, der Kinder. Minderjährige ordnen sich in der Regel schnell unter den Einfluss dieser Romantik und des Kämpfertums seitens der verschiedenen Arten nicht formeller, besonders extremistischer Vereinigungen.[261]

Die Landschaft rechtsextremer Jugendgruppierungen ist schwer zu überschauen, was insbesondere darauf zurückzuführen ist, dass viele Gruppen eine gewisse Anonymität wahren. Wie bereits angedeutet, ist der jugendliche Rechtsextremismus zum einen mit den Erwachsenenstrukturen (z. B. als parteiförmiger Rechtsextremismus) verwoben und zum anderen ist er geprägt durch die szenespezifischen Elemente. Die Gruppen werden in lose Cliquen bzw. Banden ohne festen Kern eingeteilt, wie z. B.

---

256 Vgl. OireSzene (2011), in: Antifaschistische Aktionen und Veranstaltungen zu Grauz, Internationales, Subkultur und Widerstand und Nazistrategien (2011).

257 Songzitat: „Sieg Heil! Weiße Ordnung, arisches Diktat, die Macht auf den Bajonetten mitleidsloser Soldaten" (Aus: Sieg Heil!). Zitiert aus: Netz-gegen-Nazis.de (2008).

258 Netz-gegen-Nazis.de (2008): Kolovrat.

259 Netz-gegen-Nazis.de (2008): Kolovrat.

260 Netz-gegen-Nazis.de (2008): Kolovrat.

261 Zitiert nach einem Vertreter der Innenverwaltung, in: Deutsch-Russischer Austausch (2009), in: Newsletter Osteuropa, Juli /2009, S. 8.

Jugendgruppen mit gewalttätigen Eigenschaften und dem Verständnis des ‚Rechts ist In-seins' bis hin zu rechtsextremen Gruppen mit einer festen Struktur, hinter denen eine so genannte Organisation steht, wie z. B. dem verbotenen *Slavischen Bund* oder die *Bewegung gegen illegale Immigranten.* Dabei ist ihre Verbreitung und Relevanz demografisch verschieden. Hauptzentren sind weiterhin Moskau und St. Petersburg, aber auch Ekaterinenburg, Nižnij Novgorod, Rostov am Don, Jaroslavl und Voronež.

Eine Untersuchung über informelle Jugendkulturen aus dem Jahre 2008 charakterisiert insbesondere auch die rechtsextremen und rechtsorientierten Jugendgruppen. Zum einen kann man hier eine Einteilung nach der Subkultur (Basis) vornehmen[262]: Die Basis-Subkultur stellt die White Power-Bewegung dar. Sie vereint innerhalb der nationalsozialistischen xenophoben WP-Gemeinschaft neben den Boneheads (Nazi-Skins) auch assimilierte Bewegungen der Skin-Hools (Nazi-Hooligans), die Neuheiden sowie die Neonazis. Ihr Grundprinzip offenbart sich in einem aggressiven Wirken.

Zum anderen erfolgt eine Klassifikation der informellen Vereinigungen nach dem Grad der sozialen Gefährdung[263]: Diese Klassifizierung orientiert sich nach dem funktionalen Zugang, d. h. dem Einfluss der Formation auf andere (der Charakter des Zusammenwirkens mit extremistischen Formationen) und auf die Gesellschaft im Ganzen (die soziale Gefährdung und ideologische Richtung).[264] Die Klassifikation *radikal* umfasst hierbei Nationalisten, welche wie folgt bestimmt werden: Skinheads (Boneheads, Skin-Hools), Neofaschisten, Hools (Hooligans aus der Fußballszene), Nazi-Punks, *Rot-schwarze Hundert*, Neonazis, extremistisch-politisierende Vereinigungen, welche keine Registrierung im Sinne eines Gesellschaftsvereins oder einer Partei haben.

Die folgenden Kapitel geben einen charakteristischen Überblick über die Jugendgruppierungen der Nazi-Skinheads, der militanten Neonazis, der Hooligans mit ultrarechten Tendenzen sowie der Neuheiden.

262 Vgl. Guščin et al. (2008), S. 11.
263 Vgl. Guščin et al. (2008), S. 13.
264 Vgl. Guščin et al. (2008), S. 13.

3.5.1 Nazi-Skinheads

> Ein Skinhead zu sein ist schwer, aber ehrenhaft. Kahlköpfige sind Soldaten ihrer Rasse und Nation – weiße Krieger. [...] Ein Rassist zu sein ist äußerst ehrenhaft. Ein Rassist – das ist ein Mensch, der seine Rasse liebt und auf sie stolz ist, was er nicht vor anderen verheimlicht. [...] Ein wahrer Kahlköpfiger muss mit all seinen Handlungen der Verteidigung der Menschen, die zur weißen europäischen Rasse gehören, dienen. Ein russischer Kahlköpfiger muss in erster Linie die Menschen bewachen und verteidigen, welche die einheitliche slawische Brüderschaft RUSSLÄNDISCHER VÖLKER bilden: Russen, Ukrainer und Weißrussen.[265]

Den Nazi-Skinheads kommt eine besondere Rolle zu, denn über sie funktioniert meistens der Einstieg in die rechte Szene. Zudem ist sie die offensivste rechtsextreme Subkultur in Russland. Forscher gehen von 60.000 bis 80.000 (im Jahre 2007) Mitgliedern, darunter ca. 10.000 WP-Skinheads aus. In diesen Zahlen spiegelt sich die aktivste rechtsextreme Szene weltweit wider. Dennoch ist die Szene in ihrer Strukturierung und Organisation relativ unscharf, weil sie sich eher als lose Gruppierungen formieren. In den internationalen Medien werden vermehrt die Gruppierungen synonym benutzt, was insbesondere bei den Skinheads[266] zu einer Diffamierung dieser Subkultur als *Neonazis* zur Folge hatte – und Russland macht da keine Ausnahme.

---

[265] Salazar (2000), in: Lutz-Auras (2010), S. 3ff.

[266] Die Subkultur der Skinheads war zum Zeitpunkt ihrer Entstehung vor allem nicht rassistisch und unpolitisch gesinnt: „Ein rechter Skinhead ist ein Widerspruch in sich. Er ist kein Skinhead – er ist Rassist" (Vgl. Schweizer (2005): Skinhead Attitude). „Die Bewegung der Skinheads war im Ursprung nicht rassistisch. Viele vertraten die Ansicht, dass sie mit einem Schwarzen aus der Arbeiterklasse mehr gemeinsam hatten, als mit einem Weißen aus der Mittelschicht" (Vgl. Lauenburg (2006), S. 28). Die historische Subkultur der Skinheads gibt es nunmehr seit über 30 Jahren. Die heutigen Werte eines Skinheads sind analog zu dem historischen Kern: Stilisierung von Härte, Männlichkeit, Gewalt und Stärke in ihrem martialischen Äußeren und Auftreten. (Vgl. El-Nawab (2001), in: Aspel (2001), S. 97). Die Wurzeln der Jugendkultur liegen in den 1960er Jahren in England, die vor allem von Jugendlichen aus dem Arbeitermilieu aufgenommen wurden. Ihr Erscheinungsbild war durch kurze Haare (bis auf die Kopfhaut rasiert), Arbeiterstiefel (Doc Martens), hochgekrempelte Hosen, Hemden und Hosenträger charakterisiert, welches ihre Herkunft untermalte. Aus der damaligen so genannten Mod-Szene (Abk. für Modernisten) kristallisierten sich u. a. die Boot Boys (Jugendliche aus der Hooligan-Szene, später extrem gewalttätig) und die ‚coolen' schwarzen Rude Boys (westindische Immigranten), welche einen gewissen Vorbildcharakter für die weißen Jugendlichen aufgrund ihrer Lässigkeit hatten, heraus (Vgl. El-Nawab (2001), in: Aspel (2001), S. 96). Der Skinhead-Stil verband Musik, Randale, Fußball, Kameradschaft und schufen neben gegnerische Skinheadgruppen, denen sie ‚feindlich' gegenüberstanden, auch andere Feindbilder: Hippies, Schwule, Studenten, Asiaten, Rocker, aber auch die Ordnungsmacht, Polizei, soziale Institutionen usw. (Vgl. El-Nawab (2001), in: Aspel (2001), S. 97). Die Skinheads waren vor allem durch eine konservative, rückwärtsgewandte Einstellung charakterisiert, die gegen die Zukunft und gegen die Modernisierung gerichtet war und von Utopien in der Vergangenheit geprägt wurde (Vgl. Lauenburg (2006), S. 26). Sie besannen sich auf traditionelle Werte, wie Familie, Arbeit und waren gegen Modernisierung und Globalisierung.

Ebenso werden in den Medien die Begriffe *Neonazi* und *Nazi-Skinhead* oft synonym benutzt, was vor allem eine Analyse der Szenen erschwert. Die Abgrenzung dieser beiden Szenen voneinander wird somit anhand der Organisationsstruktur vorgenommen, da sie sich in ihrer Gesinnung ähneln. Hierbei wird davon ausgegangen, dass es sich bei den Nazi-Skinheads um parteilose (Jugend)-Gruppen handelt, die eher weniger Mitglieder einer Organisation sind. Eine andere Bezeichnung ist der Name *Bonehead*, der aber als Abgrenzung innerhalb der Szene verwandt wird. Hierbei wollen die traditionellen Skinheads sich von den neonazistischen Skinheads distanzieren.[267] Bereits im Jahre 2004 interpretiert Umland eine mögliche Entwicklung der Skinhead-Bewegung wie folgt:

> Ob ein weiteres Anwachsen der russischen Skinheadbewegung möglich sein und wie sich dieses auswirken wird, ist schwer einzuschätzen. Die spezifisch westliche Organisations- und Ausdrucksform von Rechtsextremismus, entstanden im England der späten Sechziger, entwickelt sich in Russland in einer postimperialen Transformationsgesellschaft und sieht sich mit einem semitautoritären staatlichen Apparat mit geringerem Respekt vor Menschenrechten konfrontiert. Ein derart modifiziertes Umfeld könnte sich als besonders fruchtbarer Nährboden für die Skinheadkultur erweisen – oder aber als letztlich unwirtliches Habitat.[268]

In Russland wird die Szene der Nazi-Skinheads als ein Produkt westlicher Kulturen wahrgenommen und bewertet, ohne dabei außer Acht zu lassen, dass die Grundlage dafür seit Jahrzehnten selbst geschaffen wurde. Davon abgesehen, hat sich in Russland eine beispiellose Eigendynamik der Szene der Nazi-Skinheads entwickelt.[269] Der Begriff *Nazi-Skinhead* ist in Russland weit verbreitet und wird über die Jugendgruppierung hinaus als Fremdbezeichnung verwendet. Darüber hinaus ist sie „Teil einer militanten rechtsradikalen Jugendszene, in der eine ausgeprägt rassistische, homophobe und russisch-nationalistische Weltsicht, ein Kult aggressiver Männlichkeit und physischer Gewalt sowie eine Orientierung auf körperlich und gemeinschaftlich auszulebende *Action* und Spaß, zentrale Bausteine der kollektiven und individuellen Selbstdefinition bilden."[270]

Charakteristisch für die Szene ist auch eine Hybridisierung mit anderen Gruppierungen, die sich an einer extremistischen, rassistischen Ideologie orientieren, wie z. B. mit den Fußball-Hooligans (Skin-Hools) oder den Jugendlichen einer neuheidnischen religiösen Bewegung, oder sie unterstützen Kundgebungen von rechtsextremen Par-

---

[267] Vgl. Schweizer (1998): Skin or Die.
[268] Umland (2004), in: Russlandanalysen, Nr. 23, S. 3.
[269] Vgl. Golova (2009), in: Kultura, Nr. 4/2009, S. 19.
[270] Golova (2009), in: Kultura, Nr. 4/2009, S. 19.

teien und Organisationen. Die Nazi-Skinheads haben in Russland auch einen Ruf als ‚Schläger'. Darüber hinaus benutzt die Regierung die Skinheads gerne für eine Deklarierung eines Feindbildes im eigenen Land (Vgl. Kapitel 4.1).

Die Überfälle der Nazi-Skinheads auf andere soziale Gruppen und Minderheiten werden vor allem durch eine rassistisch-extremistische Ideologie gerechtfertigt. Mit der Wandlung der Szene im Allgemeinen, hat sich in den letzten Jahren parallel dazu ihr Motiv geändert. Waren am Anfang antisemitische Parolen zu vernehmen, bekämpfen sie heute zunehmend illegale Migranten und Menschen aus den ehemaligen Sowjetrepubliken. Auch innerhalb der subkulturellen Szene kommt es zu Angriffen, wie z. B. auf Punks, Antifaschisten, traditionelle Skinheads, worunter vor allem Angriffe auf „Russen und Immigranten, insbesondere aus den früheren südlichen und zentralasiatischen Sowjetrepubliken, auf Roma, Juden, Schwule, Lesben, ausländische Studenten aus Asien, Afrika und Lateinamerika sowie auf Menschenrechtsaktivsten und antifaschistische Aktivisten"[271] gemeint sind.

Zwar ist in den letzten beiden Jahren eine leichte Entspannung zu vernehmen, aber das spricht nicht dafür, dass die Szene an Präsenz verliert, sondern durch die stärkere strafrechtliche Verfolgung von Gewalttaten und Anstachelung zum Fremdenhass, ist es für die Nazi-Skinheads ‚gefährlicher' geworden, aktiv zu sein. Hierbei kann man von einer Re- bzw. Neuorganisierung der Szene sprechen, die sich im Untergrund vollzieht. Unabhängig davon, gehen die Überfälle mit rassistischen bzw. nationalistischen Parolen einher, wie z. B. *Für Rassismus* oder *Russland den Russen* oder *Russland über alles*, aber auch *Ehre für Russland* und *Russland nach vorn.*

Dennoch soll hier auch angefügt werden, dass nicht alle Nazi-Skinheads auch als solche auftreten. Hierbei handelt es sich um sozialpolitische Skinhead-Gruppierungen, die sich derer nicht aufgrund ihrer Ideologie anschließen, sondern um der „positiven Form eines sozialen Protests gegen die Korruption, dem wirtschaftlichen Chaos und den negativen Entwicklungen, die das Land verschlungen haben"[272] willens, das sich jedoch in relativ unsozialer Art entlädt – z. B. in Form von Ordnungswidrigkeiten oder sozial gefährlichen Handlungen.[273] Gerade solche Gruppierungen finden sowie bei radikalen als auch bei neofaschistischen Organisationen und Parteien Befürworter und Unterstützer und für diese haben diese Skinhead-Gruppierungen einen außerge-

[271] Atkinson (2007), in: Rheinische Zeitung, Online-Flyer Nr. 113, S. 2.
[272] Guščin et al. (2008), S. 134.
[273] Vgl. Guščin et al. (2008), S. 134.

wöhnlichen Wert, da sie bei ihrerseits durchgeführten sozialen Protestaktionen und Demonstrationen eine Basis bilden.[274]

Wenn man die soziale Herkunft der Nazi-Skinheads analysiert, so kommt man zu dem Schluss, dass es hier einen Wandel gab, der zu einer Ausbreitung auf die Gesellschaftsschichten führte: Noch in den 1990er Jahren wurden diese durch Kinder armer Familien bestimmt, so sind es heute vor allem Jugendliche aus Familien der Mittelschicht, wie z. B. aus Beamten- bzw. Händlerfamilien der gehobenen Schichten.[275] Des Weiteren schließen sich auch Jugendliche von Bankiers oder Geschäftsleuten, aber auch aus Familien von Intellektuellen, den Skinheads an.[276] Dies zeigt, dass es unlängst kein Problem der Unterschicht oder schwachen Familien mehr ist, sondern dass der Rechtsextremismus Zugang auch in gebildete Schichten gefunden hat.

Das Alter der Skinheads bewegt sich zwischen 12 und 16 Jahren bei vorwiegend losen Skinhead-Gruppierungen, die sich meistens in Hinterhöfen oder Stadtvierteln zusammenschließen. Vor allem diese Altersgruppe rückt in den Blickwinkel rechtsextremer Organisationen und Parteien, weil sie noch eine Art *Tabula rasa* darstellen, in denen die rechtsextreme Ideologie reifen kann. Meist beeinflussen rechtsextreme Organisationen auch die Radikalisierung kleiner Skinhead-Gruppen. Hier ist es ein kleiner Schritt vom anfänglichen Patriotismus zum Fremdenhass und zur Gewalttätigkeit. Die Aufgabe besteht darin, die Jugendlichen zu nationalsozialistischen Soldaten auszubilden.[277] Diese Altersgruppe ist vermehrt durch Vandalismus und Gewalttätigkeit geprägt. Darüber hinaus gibt es Skinhead-Gruppen, deren Aktivität in der Szene bereits fortgeschritten ist. Meistens sind es junge Menschen im Alter von 20 bis 40 Jahren, die sich an Kundgebungen beteiligen.

Der klassische Kleidungsstil der russischen Nazi-Skinheads entspricht nicht mehr der typischen Stilisierung, wie z. B. Kurzhaarschnitt, Bomberjacke, Stiefel etc. Meist finden sich Symbole der WP-Bewegung auf ihrer Kleidung, z. B. die *weiße Faust*.[278] Darüber hinaus fand innerhalb der rechtsextremen Szene im Allgemeinen ein Wandlungsprozess statt. Das martialische Aussehen wich oft Kulturelementen aus anderen Szenen oder hat sich leicht abgewandelt. Der Nazi-Skinhead lässt sich immer schwerer von anderen rechtsextremen Gruppierungen unterscheiden. Ihr Auftreten ist

[274] Vgl. Guščin et al. (2008), S. 134.
[275] Vgl. Tarasov (2004): Наци-Скины в современной России (Naci-Skiny v sovremennoj Rossii).
[276] Vgl. Tarasov (2003a): Экстримисты по вызову (Ekstremisty po vysovu).
[277] Vgl. Schweizer (2008): White Terror.
[278] Vgl. Tarasov (2004): Наци-Скины в современной России (Naci-Skiny v sovremennoj Rossii).

zudem sehr aggressiv, gewalttätig und kriminell. Grundelemente sind auch u.a. der Bezug zum Keltentum durch Tragen keltischer Symbole und Tätowierungen. Darüber hinaus wird meistens das *Hakenkreuz*[279] bzw. die Reichsflagge in den Räumlichkeiten verwendet. Rassistische bzw. *Sieg-Heil*-Parolen, der Hitlergruß und gruppeninterne Codes sind Symbole dieser Szene.

Des Weiteren gibt es ein Bekenntnis zu nationalsozialistischen Ereignissen, wie z. B. das Feiern des Geburtstags Hitlers am 20. April, an dem neben Nazi-Skinheads auch Neonazis, Menschen mit *nicht-arischem* oder *nicht-slawischem* Aussehen verprügeln und ermorden sowie *Pogrome* veranstalten oder am organisierten *Russischen Marsch*[280] am 4. November in verschiedenen russischen Städten teilnehmen. Zu ihren Waffen zählen zumeist Schlagstöcke, Ketten, Messer, Gaspistolen oder Schusswaffen, die vor allem bei Überfällen zum Einsatz kommen. Charakteristisch ist auch die Formierung zahlenmäßig kleiner Gruppen, die sich aus ca. 5 bis maximal 15 Jugendlichen bilden. Infolge der neuen Strafgesetzgebung zur Verfolgung extremistischer Gruppierungen und Organisationen sind bereits viele öffentlich bekannte Skinhead-Gruppen zerschlagen bzw. verboten wurden. Dennoch erregten einige Gruppierungen Aufsehen, die über ihre Aktivitäten bekannt geworden sind, wie z. B. *Russkaja cel'* (dt. *Russisches Ziel*), *Format 18*, *Schultz 88* oder *North-East 88*. Des Weiteren stehen sie hinter Organisationen, wie z. B. der *Slavischen Union* oder der *Slavischen Gemeinschaft*.

Da auch die Nazi-Skinhead-Szene in den Wandlungsprozessen involviert ist, wurden bereits im Jahre 2003 von einem intellektuellen Zentrum der *White Power-Bewegung*, der *Brigade White Owls*, den Nazi-Skinhead-Gruppen, welche sich zu deren Ideologie bekennen, Anweisungen über ihr zukünftiges Verhalten gegeben. U. a. ging es darum, sich in Form von *Kriegshistorischen Klubs* und *Klubs historischer Rekonstruktion* zu maskieren: „Das erste, was alle lernen müssen, ist – sich zu maskieren. Von nun an keinerlei WP-Utensilien, keinerlei rasierte Köpfe…“[281] Diese Klubs sollen hierbei in einer Art *Do-it-Yourself* Rüstungen und Waffen produzieren und sich für den Kampf vorbereiten, indem sie an Militärausbildungen teilnehmen. Der

---

279 Das Hakenkreuz wird meist in abgewandelter Form oder durch das Keltenkreuz bzw. die Triskele verwendet, da viele Strafgesetzgebungen das Tragen dieser Symbole verbieten.

280 Original: Русский марш (Russkij marš).

281 Guščin et al. (2008), S. 144. Original-Zitat: „Первое что надо всем усвоить – маскировать. Отныне никакой WP-атрибутики, никаких бритых голов...“

Grundsatz der rechtsextremen Subkulturen ist vor allem, so wenig Aufsehen wie möglich zu erzeugen.[282]

3.5.2 Militante Neonazis

Das rechtsextreme Spektrum wird in Russland vorwiegend durch die Subkultur der Nazi-Skinheads bedient. Die militanten Neonazis sind meistens Anhänger der WP-Bewegung in Russland und Mitglieder in Organisationen und Parteien mit einer festen Struktur und einem festem Hierarchieverhältnis. Dennoch distanzieren sich viele Neonazis vom schlechten Image der Nazi-Skinheads als Schläger, da sie sich mit ihren Aktionen nicht identifizieren möchten. Meist sind sie Anhänger des Nationalsozialismus und dem Führerkult Hitlers. Interessant ist hierbei ihre Relation zur Geschichte. Bereits Tarasov bemerkte die mangelhafte Unkenntnis russischer Neonazis über die Geschichte. Unterstrichen wird dieses durch einen szeneinternen Aufruf, der die jungen Neonazis zum Studium der russischen Geschichte riet.[283]

Dennoch existiert doch gerade hier eine Widersprüchlichkeit: Das Land, welches den Faschismus besiegte, sucht ihresgleichen in dessen Wesen. Den russischen Neonazis geht es dabei nicht um die „ideologische Überzeugung, sondern eher hatten sie die Rettung ihrer Familien, ihrer Heimat und ihres Volkes im Visier."[284] Dabei lässt sich die Besinnung auf eine nationalsozialistische Ideologie der russischen Neonazis durch folgenden Fakt veranschaulichen:

> Da die bahnbrechenden Einfälle Adolf Hitlers durchaus legitime und auch für das zeitgenössische Russland signifikante Absichten – die ‚Endlösung' der jüdischen Frage, Konsolidierung eines rassisch-reinen Staates, Formierung einer einheitlichen ethnischen Nation, massive Unterdrückung sämtlicher von nationalen Minderheit ausgehender separatistischer Bestrebungen – implizieren, achten zahlreiche Angehörige der rechten Skinhead-Szene den deutschen Diktator.[285]

Kernelemente ihrer programmatischen Aussagen lassen sich wie folgt benennen: „die Schaffung eines nationalen Einheitsstaats mit einer rein administrativen Aufteilung in

---

282 Guščin et al. (2008), S. 144.

283 Vgl. Tarasov (2002): Учебники для скинхедов. Великая Отечественная, преподанная как занудство (Učebniki dlja skinchedov. Velikaja Otečestvennaja, prepodannaja kak zanudstvo).

284 Lutz-Auras (2011a), in: Endstation Rechts (2011).

285 Lutz-Auras (2011a), in: Endstation Rechts (2011).

den Grenzen der ehemaligen Sowjetunion unter Vorherrschaft der Russen, Ablehnung der westlichen Demokratie und statt dessen die Errichtung eines autoritären bis diktatorischen Regimes, Begrenzung bis Aufhebung der Privatisierung und in unterschiedlichem Maß staatliche Planung sowie administrative Lenkung der Wirtschaft, Förderung des militärisch-industriellen Komplexes, Aufbau einer starken Armee sowie die Wiederherstellung des Großmachtstatus."[286]

Die Ideologie der russischen Neonazis beruht auf dem Blood & Honour-Prinzip (dt. *Blut und Ehre*). Die Argumentation der russischen Neonazis impliziert, dass „der russische Ethnos als direkter genetischer und kultureller Erbe der ‚Arischen Rasse', der auch Weißrussen, Ukrainer, ein Teil der Westslaven, Deutsche, Schweden, Holländer und einige andere in Europa lebende Völker angehörten"[287], anzusehen sei.

Daher agieren sie in Russland vor allem im Untergrund und pflegen enge Kontakte zu den Gesinnungsgenossen in anderen europäischen und slavischen Staaten, um ihre Netzwerke weiter auszubauen und zu festigen. Die Neonazi-Szene ist auch durch Gewalt, Brutalität und Aggression gekennzeichnet. Ihr Aussehen ist eher unauffällig, der Gesellschaft angepasst bzw. sie übernehmen Attribute aus anderen Subkulturen, wie z. B. in Gestalt der *Autonomen Nationalisten* und der Entlehnung linker Szenesymbole.

Das Spektrum der Feindbilder ist bei den Neonazis vielgestaltig: Diese reichen von den so genannten *Schwarzärschen* (z. B. Tadschiken, Kaukasier, Afrikaner), über Vietnamesen, Chinesen über Juden, Homosexuelle, Obdachlose, Antifaschisten, Anhänger anderer Subkulturen bis hin zum Staat, der Justiz und Menschenrechtler. Dennoch kommen immer wieder Fälle an die Öffentlichkeit, die die Brutalität der Szene unterstreichen: Viele Aussteiger aus der neonazistischen Szene werden Opfer ihrer eigenen Kameraden.[288]

Zu den ideologischen Elementen zählt man meistens einen Mix aus Fremdenfeindlichkeit, antiwestlicher Orientierung und Antistaatlichkeit.[289] Der Ethnizismus und ein eher russländischer Nationalismus sind ebenso Bestandteile ihrer Gesinnung. Der russländische Nationalismus verdeutlicht sich vor allem darin, dass es immer mehr

---

286 Lutz-Auras (2011a), in: Endstation Rechts (2011).

287 Lutz-Auras (2010), in: Endstation Rechts (2010).

288 Diese Thematik greift Galina Koževnikova in ihrem Artikel „Ksenofoby bjut svoich" vom 29.03.2011 unter http://grani.ru/opinion/kozhevnikova/m.176428.html [letzter Zugriff am 14.09.2011] auf.

289 Vgl. Heyden (2010a), in: Moskauer Zeitung (2010).

Anhänger und Führer gibt, die nicht-russischer Abstammung sind, wie z. B. der Führer der Neonazi-Gruppierung *White Wolves* (dt. *Weiße Wölfe*), der sich jedoch als Russe identifiziert[290]:

> Die geläufige Vorstellung, russischer Nationalismus sei eine Angelegenheit russischstämmiger Extremisten, ist, wie diese Beispiele zeigen, falsch. Genauer müsste man von einem russländischen Nationalismus sprechen. Russland ist ein multinationaler Staat und die russischen Neonazis öffnen ihre Reihen auch für Nicht-Russen.[291]

Die Formation *NS-WP*[292] (*Nationalsozialismus-White Power*) ist ein gutes Beispiel für die Existenz militanter Neonazi-Gruppierungen, die vorwiegend im Raum St. Petersburg im Untergrund aktiv ist, aber auch als Beispiel für die gute Anpassungsfähigkeit an ihre gesellschaftspolitischen und juristischen Gegebenheiten fungiert. Die Ideologie bildet sich auf der Grundlage einer menschverachtenden Avantgarde-Theorie[293]:

> Die Russen seien eine Nation unterjochter Menschen und entarteter Slawen und durch jahrzehntelange KGB-Unterdrückung verängstigt. Die Russen interessierten sich nur fürs Fressen und müssten deshalb von slawischen Kampf-Gruppen befreit werden. Der, der stärker ist, ist der Herr der Russen.[294]

Die Gruppierung *NS-WP* propagiert weiterhin einen offenen Rassismus und befürwortet jedwede Art von Terror:

> Wir teilen mit, dass dieses Jahr durch Dutzende punktueller Tötungen, durch Hunderte von Bombenanschlägen, durch Tausende von Brandanschlägen auf der ganzen Welt unserer Vorfahren gekennzeichnet sein wird.[295]

Des Weiteren werden klare strategische Ziele angegeben, die neben den staatlichen Einrichtungen, wie z. B. Kirche oder Polizeistationen, auch Anschläge auf den Eisenbahnverkehr oder die Metro befürworten. Darüber hinaus wird ein Terror gegen Behörden propagiert, der auf Menschenrechtsverteidiger, Regierungsvertreter und Richter ausgeweitet wird.[296] Die Website ist klar antisemitisch, rassistisch und natio-

---

290 Vgl. Heyden (2010a), in: Moskauer Zeitung (2010).

291 Heyden (2010a), in: Moskauer Zeitung (2010).

292 Einen ideologischen Einblick erlangt der Leser auf der ‚offiziellen' Website der Gruppierung unter http://ns-wp.ws/.

293 Vgl. Heyden (2010a), in: Moskauer Zeitung (2010)

294 Heyden (2010a), in: Moskauer Zeitung (2010).

295 Original-Zitat: „Мы общаем, что этот год будет ознаменован десятками точечных ликвидаций, сотнями взрывов, тысячами поджогов на всей землей наших Предков." (Vgl. http://ns-wp.ws/).

296 NS-WP (2011).

nalistisch gesinnt. Das Netzwerk militanter Neonazis ist stark ausgebaut und besteht aus Bündnissen zu anderen ‚weißen Blutsbrüdern', wobei die o. g. Gruppierung nur eine davon darstellt. Die meisten russischen Neonazi-Gruppierungen existieren auf dem Prinzip der Geheimhaltung und sind für die öffentliche Gesellschaft nur latent sichtbar.

Dieses Beispiel hat gezeigt, dass sich in den letzten Jahren die Feindbilder der Rechtsextremen in Russland geändert haben. In den Vordergrund treten immer häufiger staatliche Vertreter und Institutionen, wie z. B. Polizisten, Wehrämter, aber auch Menschenrechtsorganisationen. Zum Hauptziel wurde nunmehr die „Destabilisierung der politischen Situation mit dem Ziel einer nationalen Revolution"[297] erklärt. Diese antistaatliche Strategie geht mit Bestechung, Androhungen und Morden an Beamten, Richtern oder Anwälten einher. Viele Mitarbeiter der staatlichen Institutionen und Menschenrechtsorganisationen stehen auf so genannten ‚Todeslisten' der russischen Neonazis. Dabei ist ein Anstieg der Militanz bei den Neonazis zu beobachten, welche durch eine Änderung ihrer Strategie bedingt ist. Dieses Bild verdeutlicht die o. g. NS-WP, die mit einer ‚Doppelstrategie' sowohl gegen Ausländer kämpft als auch Übergriffe auf staatliche Einrichtungen verübt, um die staatliche Verfolgung der eigenen Leute zu rächen.[298]

3.5.3 Hooligans mit ultrarechten Tendenzen

> Fußball ist ein weißer Sport, nur für die weiße Rasse. Da haben Schwarzärsche nichts zu suchen. Deshalb kommen die nicht in unsere Stadien. [...] Rassenvermischung führt doch nur zum Chaos. Deshalb stinkt es mir auch, dass hier ein Schwarzer mein Bier gezapft hat. Die sind dreckig, und haben hier nichts zu suchen.[299]

Die Grenzen zwischen den Hooligans mit ultrarechten Tendenzen verschwimmen mit der Jugendszene der Nazi-Skinheads bzw. Neonazis. Die meisten so genannten *Skin-Hools* sind ebenfalls Anhänger der White Power-Bewegung. In den letzten Jahren erfuhr die Hooligan-Szene in Russland einen starken Aufwind und erreichte ihren Höhepunkt in der Massendemonstration im Dezember 2010 in Moskau. Die Hoolig-

[297] Heyden (2010a), in: Moskauer Zeitung (2010).
[298] Vgl. Heyden (2010c), in: Antifaschistisches Infoblatt (2010).
[299] Zitat eines Skin-Hools, in: Sundermeyer (2010).

an-Szene in Russland ist landesweit vor allem nationalistisch und rassistisch gesinnt.[300]

Die Geschichte der Hooligan-Szene verläuft nahezu parallel zu derer der Skinhead-Szene und war anfangs als eine Fanszene charakterisiert. Ihre enorme Radikalisierung erreichte sie erst aufgrund der Unterwanderung durch die Nazi-Skinheads. In Russland kann man diese Entwicklung ebenso beobachten, aber inwieweit die Szenenzusammenführung fortgeschritten ist, versinnbildlicht folgendes Zitat nach der Rechts-Rock-Band *Kolovrat*:

> Ja, in Moskau gibt es viele Ultra's bzw. Hool's. Die stärksten Gruppen sind ‚Flint's Crew', ‚Gladiator' und ‚Clockwork Orange' bei Spartak. Bei ZSKA gibt es „Red Blue ors" und „Kids". Bei Torpedo gibt es die „Patriots", sowie „Blue White Dynamite" bei Dynamo. In Petersburg ist mir „Nevsky Front" bekannt. Die Kämpfe sind hier oft sehr hart, so dass die Hool's oft Messer, Eisenstangen und Baseballschläger einsetzen. [...] Wir sind gegen den Kampf zwischen NS Fans von verschiedenen Gruppen, aber wir verstehen, dass Leute Spaß an ‚Romantic Violence' haben. Wie überall, sind wir Skins mit vielen Hooligans befreundet. Don't stop Hooligan's!!![301]

Charakteristisch für die Szene der Skin-Hools sind Randale und Gewalt nach dem Fußballspiel und nationalistische Parolen währenddessen. Des Weiteren ist die Szene sehr aggressiv. Das Bild der Fußball-Fankultur hat sich in den letzten drei Jahrzehnten in Russland stark verändert: Anfangs war ihr Verhalten nur ‚mitfiebernd', die Fans waren nicht organisiert, sie trugen keine Trikots, sangen keine Lieder und riefen keine (nationalistischen) Parolen.[302] Die Tendenz zum ‚Fanatismus' in der Fußball-Szene entwickelte sich in den 1970er Jahren und die ersten ‚richtigen' Auseinandersetzungen waren seit den 1980er Jahre beobachtet worden. Noch in den 1990er Jahren gab es immer wieder Auseinandersetzungen zwischen Fußballfans und Nationalisten bzw. Neonazis. [303] Unterdessen entwickelte sich das Bild eines ‚fanatischen' Fans durch so genannte *Identität stiftende Kriterien* – die Unterstützung der Mannschaft im Stadion, das Auswärtsspiel und die Schlägerei, und darüber hinaus das Tragen selbst hergestellter Schals im Stadion, Zusammensetzen in Blöcken, Kreation von Fangesängen und Choreographien – zu einem Verbund zwischen Fuß-

---

[300] Vgl. OireSzene (2011), in: Antifaschistische Aktionen und Veranstaltungen zu Grauz, Internationales, Subkultur und Widerstand und Nazistrategien (2011).

[301] O. V. (2010): Interview mit Kolovrat (Russland).

[302] Vgl. Zeller (2007), in: Russland-Kulturanalysen, Nr. 3/2007, S. 13.

[303] Vgl. Pain (2011), in: Russlandanalysen, Nr. 218, S. 3.

ballfans und den Neonazis.[304] Dennoch hat sich diese Fankultur, wenn auch nur in Minderheiten, zu einer Gewaltkultur entwickelt, die eine organisierte Struktur, vor allem in Großstädten, aufweist: „Einige sprechen von ehrenhafter Zurückhaltung und ‚freundschaftlicher' Verabschiedung am Ende einer Schlägerei, andere von Steinen, Gürteln und Stichwaffen."[305]

Die Unterwanderung der Fußball-Szene durch rechte Gruppen ist dadurch charakterisiert, dass die Nazi-Skinheads hier eine Option für die Verbreitung ihrer nationalistischen Parolen finden. Nach Kozlov kann man festhalten, dass „viele Hools zu Rassisten werden, aber nicht alle Boneheads sind Hools."[306] Hierbei unterscheidet er vor allem drei Typen innerhalb der Fußball-Subkultur[307]:

- Erste Gruppe: Die so genannten ‚Bolel'ščiki'[308], die durch regelmäßige Besuche der Fußballspiele ihrer Lieblingsmannschaft, Kaufen und Tragen von Fanartikeln charakterisiert sind. Diese Gruppe ist die zahlmäßig bedeutendste.
- Zweite Gruppe: Fanatische Fußball-Fans, die organisiert sind und ihre Mannschaft bei Auswärtsspielen unterstützen und Fanartikel auf Bestellung herstellen.
- Dritte Gruppe: Organisierte Fußball-Hooligans, die zahlenmäßig in der Minderheit sind. Die Gruppe ist durch Aggressivität und Gewalt charakterisiert.

Die Ideologie der Hooligans mit ultrarechter Gesinnung basiert vor allem auf einem Rassismus nach russländischer Interpretation, der dadurch bestimmt ist, dass die Gestalt ihrer Feinde Kaukasier, Einwanderer aus Zentralasien, Chinesen und Vietnamesen sind. Darüber hinaus setzen diese auch den Kampf im *Rechts-Links-Spektrum* fort und suchen Konfrontationen mit Antifaschisten. Die Verbreitung ihrer rassistischen und nationalistischen Gesinnung findet vor allem vor oder nach dem Fußballspiel in unmittelbarer Nähe zum Stadion statt.[309] Auch gibt es in der Szene starke homophobe Tendenzen, welche daraus resultieren, dass die Szene vor allem maskulin geprägt ist.[310] Die szenespezifischen Symbole sind meist neonazistischer Herkunft: *Keltenkreuz* und das *Eiserne Kreuz*, die durch Namen von bestimmten

---

304 Vgl. Zeller (2007), in: Russland-Kulturanalysen, Nr. 3/2007, S. 14ff.

305 Zeller (2007), in: Russland-Kulturanalysen, Nr. 3/2007, S. 16.

306 Kozlov (2006), in: Verchovskij (2006), S. 94.

307 Vgl. Kozlov (2006), in: Verchovskij (2006), S. 94ff.

308 Bolel'ščiki ist die Bezeichnung für ‚Fan' oder ‚mitfiebernder Fan', abgeleitet von dem Wort bolet' (dt. krank sein) (Vgl. Kozlov (2006), in: Verchovskij (2006), S. 94).

309 Vgl. Kozlov (2006), in: Verchovskij (2006), S. 96.

310 Vgl. Kozlov (2006), in: Verchovskij (2006), S. 96.

Firmen oder Fanartikeln der Mannschaft ergänzt werden, z. B. durch Markennamen wie *Londsdale* oder *Fred Perry*.[311]

Um die Situation und die Szene der Hooligans mit ultrarechten Tendenzen zu entschärfen, wurden im Jahre 2011 neue *Regeln für Zuschauer in Stadien* durch die *Russländische Fußball-Union* (RFS) definiert. Unter anderem stehen Slogans oder Gesänge sowie die öffentliche Darstellung von Zeichen und/oder anderer Symbole, die Verteilung von Drucksachen, aber auch Aktionen, die zur Demütigung oder Beleidigung von Menschen durch Menschen extremistischer Natur bzw. die Anstiftung zu rassischen, sozialen oder ethnischen Konflikten, unter einem Verbot.[312]

3.5.4 Neuheiden

In das Spektrum der rechtsextremistischen Jugendgruppierungen lassen sich auch die nationalsozialistischen *Neuheiden* einordnen. Das *(Neu-)Heidentum* beschreibt eine Religion, „die die Natur verehrt und bestrebt ist, eine Harmonie zwischen dem menschlichen Leben und den großen Zyklen zu erreichen, die durch den Rhythmus der Jahrzeiten verkörpert werden."[313] Ferner steht das Heidentum für die Verwendung einheimischer spiritueller Traditionen, die die Natur verehren – gemäß nach den alten Traditionen -, und hat heilige Plätze, Feste und Gottheiten, die jedoch zum Teil neu interpretiert werden.[314] Nach russischer Definition ist das *Neuheidentum* die „Rekonstruktion des vorchristlichen, polytheistischen Glaubens."[315] Hierbei sehen sie sich als Nachfolger der Kulte, die sich auf der Grundlage ihrer eigenständigen Vorstellungen der vorchristlichen Religion konstruieren und sich vor allem von den traditionellen Heiden durch den Fakt der Rekonstruktion philosophischer und mystischer Ansichten, Mythologie und Riten unterscheiden, bedingt durch den Bruch der natürlichen Tradition.[316]

---

[311] Vgl. Kozlov (2006), in: Verchovskij (2006), S. 96.

[312] Vgl. Hro.org (2011): Футбольными болельщикам запретили скандировать расистские речевки (Futbol'nymi bol'shchikam zapretili skandirovat' rasistskie rechevki).

[313] Jones / Pennick (2008), S. 16.

[314] Vgl. Jones/ Pennick (2008), S. 16ff.

[315] Guščin et al. (2008), S. 140.

[316] Vgl. Guščin et al. (2008), S. 140.

Seit dem Jahre 2000 ist eine Zunahme der Anhänger heidnischer Kulte in Russland zu beobachten, die weit über die Jugend hinausgehen. Dabei wird das Heidentum in zwei Arten unterteilt: „Die eine Gruppe möchte die Weltanschauung, die vor dem Christentum oder Islam herrschte, wiederbeleben. Zur anderen Strömung gehören Angehörige finnougrischer Völker, die im 19. Jahrhundert, also sehr spät, christianisiert wurden. [...] Es muss aber zwischen der Rückkehr der Menschen zu alten heidnischen Kulten und der Mitgliedschaft in neu entstandenen religiösen Sekten und Gruppen unterschieden werden."[317] Hierbei werden neben slavischen Heidengöttern (z.B. der slavische Donnergott Perun) auch germanischen und indianischen Gottheiten gehuldigt, die durch das Hauptmotiv – dem Kampf gegen das Christentum – komplettiert werden und vor allem in rechtsextremistischen Kreisen als heidnischer Kult mit Kampfkunst-Training und der Gründung so genannter *slavischer Kriegsgefolge* kombiniert werden.[318]

Die Verbindung von Rechtsextremismus und Neuheidentum ist für viele junge Russen attraktiv:

> Die rechte Szene bietet Motivation, Gemeinschaft und Frust- und Aggressionsabbau durch verbale oder physische Gewalttätigkeiten. Wichtig ist die ideologische Legitimation für gewalttätiges Handeln. Dabei spielt der religiöse, esoterische, okkulte und mystische Bereich eine große Rolle.[319]

Hierbei spielen die slavische und germanische / nordische Mythologie, Runenmagie, ein arisch verzerrtes Neuheidentum, Symbole und Sinnbilder sowie antisemitische Weltverschwörungstheorien eine gewichtige Rolle.[320] Bekannte neonazistische Gruppierungen, wie z. B. *Schultz 88, Mad Crowd* und die *Gruppe Borovikovs,* bekennen sich zum Neuheidentum und haben enge Beziehungen zum Führer der neuheidnischen Skinhead-Gruppierung *Solncevorot.*[321] Des Weiteren verwenden sie das „urslavische Sonnensymbol *Kolovrat*"[322] (das Hakenkreuz). Die Neuheiden sind dadurch charakterisiert, dass sie „slavische Glaubenstraditionen wiederbeleben, ihren

---

317 Sokolskaja (2001), in: Moskauer Deutsche Zeitung (2001).
318 Sokolskaja (2001), in: Moskauer Deutsche Zeitung (2001).
319 Schweidlenka (2008), in: Arbeitskreis „Politische Bildung" (2008), Antifa-Info, Nr. 6/2008, S. 17.
320 Vgl. Schweidlenka (2008), in: Arbeitskreis „Politische Bildung (2008), Antifa-Info, Nr. 6/2008, S. 17.
321 Guščin et al. (2008), S. 140.
322 Vgl. Ivanov (1996), S. 330.

Körper stählen, traditionelle slavische Feste und Bräuche feiern"[323] und darüber hinaus Gebrauch von der gesamten Nazisymbolik machen, „weil sie darin mit Selbstverständlichkeit urslavische Parallelen finden." [324]

Zu der neuheidnischen Mythenbildung zählt auch *Hyperborea,* welche die Slaven hervorgebracht haben soll.[325] Dies geht vor allem auf den deutschen Geschichtsprofessor Hermann Wirt zurück, welcher in seinen *Hyperboreischen Theorien* davon ausging, dass das nordische oder *hyperboreische* als erstes Volk erschien. Diesem Volk wies er die Eigenschaft zu, die „höchste moralische Reinheit, hohe Prinzipien und die richtige Weltanschauung"[326] zu vereinen und ergänzt dieses Bild mit einem ‚körperlich starkem, hellhaarigem, blauäugigem und hochgewachsenen' Aussehen und schrieb ihnen die Bezeichnung ‚Arier' zu.[327] Es ist nicht unbekannt, dass sich die deutschen Nazis dessen als nationalsozialistische Ideologie annahmen.

Die slavische Herleitung für deren Nachkommenschaft als Arier stammt von V. Demin, der annahm, dass die wahren Nachkommen der Arier die Russen waren und begünstigte damit einen neuen nationalistischen Mythos über das russische Volk, die sich nun als „Initiator aller arisch-aussehender Menschen und der Unterordnung der Menschen nicht-arischer Rassen auf der Welt" [328] sehen. Gerade hierin zeigt sich auch die WP-Ideologie, dass Russland sich als Schlüssel für das Überleben der *weißen Rasse* herausstellen würde und dies wurde auch vom Führer des *Slavischen Bundes*, Dmitrij Dëmuškin, besonders hervorgehoben.

---

323 Ivanov (1996), S. 330.
324 Ivanov (1996), S. 330.
325 Vgl. Guščin et al. (2008), S. 140.
326 Guščin et al. (2008), S. 140
327 Guščin et al. (2008), S. 140
328 Guščin et al. (2008), S. 141.

3.6 Rechtsextreme Organisationen

3.6.1 Russische Nationale Einheit

Die *Russische Nationale Einheit*[329] galt lange Zeit als eine der größten und am besten organisierten rechtsextremistischen Bewegungen in Russland, die im Jahre 1990 gegründet wurde und vor allem durch einen paramilitärischen Charakter geprägt war.[330] Ihre Basis bildete die nationalpatriotische Front *Pamjat'* unter Aleksandr Barkašov, deren Führer er ist. Die Organisation folgte einem strengen hierarchischen Aufbau: Sie besteht aus Hauptmitkämpfern, Mitkämpfern, Kampfgenossen, Verbündeten sowie Sympathisanten bzw. ist der Kern durch Mitkämpfer definiert.[331] Sie ist extrem antisemitisch und fremdenfeindlich gesinnt.

Ihr paramilitärischer Zug kommt dadurch zum Ausdruck, dass die Mitkämpfer, welche die Kampftruppen bilden, halbmilitärisch leben, militärisch trainiert und ausgebildet werden.[332] Des Weiteren unterstehen sie strenger Gehorsamkeit. Darüber hinaus definiert sich die Organisation über Kampfgenossen und Verbündete, die vorwiegend repräsentative Aufgaben übernehmen. Die Sympathisanten gehören zu dem äußeren Kreis, zu denen man hochgestellte Persönlichkeiten bis hin zu Bankiers, Industriellen, Richtern oder Generälen zählen kann, die jedoch aufgrund ihres Status anonym agieren wollen.[333] Innerhalb der RNE gibt es Möglichkeiten des Aufstiegs auf Antrag. Die Aufnahme in die RNE erforderte strenge Richtlinien[334]:

> Um Mitkämpfer zu werden, muss man rassisch saubere slawische Ahnen über ‚mindestens vier Generationen' haben. Aber insgeheim kann für einige Kategorien der Nichtslawen, also beispielsweise für Balten, Deutsche, Tataren u.a., eine Ausnahme gemacht werden. Grundsätzlich werden Vertreter der kaukasischen und mittelasischen Nationalitäten sowie Zigeuner und Juden nicht in die Organisation aufgenommen.[335]

Die Charakteristik der RNE-Mitglieder ist Disziplin und das Tragen von Tarnanzügen als Uniformen der militanten Organisationen. Ihre Mitglieder bestehen aus Angehörigen der bewaffneten Organe, wie z. B. aus Berufsoffizieren, Wehrdienstleistenden auf Zeit, Polizisten und Angehörige der Streitkräfte des Innenministeriums,

---

[329] Original: Русское Национальное Единство (Russkoe Nacional'noe Edinstvo).
[330] Vgl. Hankel (2011), S. 45.
[331] Vgl. Ivanov (1996), S. 315.
[332] Vgl. Ivanov (1996), S. 315.
[333] Vgl. Ivanov (1996), S. 316f.
[334] Vgl. Ivanov (1996), S. 316.
[335] Ivanov (1996), S. 316.

aber auch Arbeiter, Studenten oder Geistliche.[336] Gegenwärtig ist die RNE zersplittert: Aus ihr formierten sich die *RNE-2* der Brüder Laločkin, die *Russische Wiedergeburt (RW)* von Oleg Kassin und Jurij Vasin sowie der *Slavische Bund (SS)* von Dmitrij Dëmuškin.[337]

3.6.2 Bewegung gegen illegale Immigranten

Die *Bewegung gegen illegale Immigranten*[338] war anfänglich eine recht kleine Bewegung, die in ihrem Kern ca. 50 Mitgliedern versammelte. Sie zeichnete sich vor allem durch einen starken Einfluss auf Neonazis über die Grenzen ihrer Organisation hinaus aus und stand offen zu einer Zusammenarbeit mit diesen Gruppierungen. Die Organisation wuchs stetig an und erreichte eine Anhängerschaft von 20.000 Mitgliedern, welche in über 30 Regionen aktiv waren.[339] Erstmals wahrgenommen wurde die Organisation im Jahre 2002. Anfänglich war ihr Aufbau netzwerkartig angelegt, bevor sie im Jahre 2008 eine Umstrukturierung gemäß hierarchischem Aufbau vornahm.[340] Ihre Führer waren Aleksandr Belov und Vladimir Basmanov. Charakteristisch war sie eine nationalistische und xenophobe russische Bürgerrechtsbewegung, die seit dem Jahre 2005 gemeinsam mit dem *Slavischen Bund* kooperierte. Sie organisierte sich vor allem als „Netzwerk lokaler Nationalisten- und Rassisten-Gruppen."[341] Im Jahre 2011 ist die Bewegung als ‚extremistisch' eingestuft und verboten worden.

Vorwiegend existierte die DPNI als eine geheime Gemeinschaft und für ihre Ziele stand ihnen ein großes Aufgebot der Manipulation zur Verfügung, wie z. B. die systematische Verbreitung von Falschinformationen, u. a. zur Forcierung des Extremismus und verfolgte ihr Ziel, dass in der „Bekämpfung der illegalen Einwanderung und deren Folgen, wobei unter illegalen Einwanderern alle Nicht-Slaven verstanden werden, die in den als slavisch geltenden Gebieten wohnen"[342], seinen

[336] Vgl. Ivanov (1996), S. 316.
[337] Vgl. Maegerle (2007): Die Armee der weißen Rasse. Neonazis und andere Rechtsextremisten in Osteuropa.
[338] Original: Движение против нелегальной иммиграции (Dviženije protiv nelegal'noj immigracii).
[339] Vgl. Hankel (2011), S. 44.
[340] Vgl. Hankel (2011), S. 44.
[341] Vgl. Aka Berlin (2011d): Verbotsverfahren gegen die DPNI hat begonnen.
[342] Vgl. Hankel (2011), S. 44.

Ausdruck fand. Die DPNI hat in ihrer Propaganda auf nazistische Symbolik verzichtet und bemühte sich vorwiegend, gut gebildete Bevölkerungsschichten anzusprechen.[343] Vor allem war sie auch ein Sammelbecken, die das „gesamte nationalistische Spektrum von Monarchisten über klerikale Fundamentalisten bis zu militanten Nazis integrieren konnte."[344]

Die DPNI war auch Initiator der bekannten *Russischen Märsche* seit dem Jahre 2005, die am 4. November, dem *Tag der Nationalen Einheit*[345], welcher durch Putin eingeführt wurde, stattfinden. Die Anhängerschaft setzte sich anfänglich vermehrt aus Nazi-Skinheads und Hooligans zusammen. Die Märsche finden zudem überregional statt, wobei die meisten Demonstranten in Moskau und St. Petersburg zu verzeichnen sind. Seit 2006 unterliegen die Märsche einem Verbot und finden vor allem gal' statt.

3.6.3 Slavischer Bund

Der *Slavische Bund*[346] bestand in den Jahren 1999 bis 2010 und trat aktiv seit dem Jahre 2001 auf.[347] Die Organisation zählte einige Hundert Anhänger im Alter von 20 bis 25 Jahren. Ihr ‚Führer' war Dmitrij Dëmuškin. Hierbei handelt es sich um die wohl größte und einflussreichste Neonazi-Gruppierung in Russland, wie Dëmuškin erklärt:

> In den Medien werden die Skinheads als betrunkener Abschaum dargestellt, der tadschikische Gastarbeiter verprügelt. Natürlich gibt es solche, aber der Kern unserer Bewegung sind gestandene Leute. Im Vorstand des Slawischen Bundes sitzt einer der Leiter des Ministeriums für Schwerindustrie. Oder ein leitender Manager der Firma Boeing in Russland. Wir haben Anhänger in der Generalstaatsanwaltschaft und beim Föderalen Sicherheitsdienst.[348]

Im Jahre 2010 wurde der *Slavische Bund* endgültig verboten, dennoch will deren Führer dieses Urteil vorm Europäischen Gerichtshof für Menschenrechte anfechten.

---

343 Vgl. Heyden (2005): Braune Suppe im Untergrund.
344 Vgl. Aka Berlin (2011b): Russische Nazi-Organisation DPNI endgültig verboten.
345 Original: День народного единства (Den' narodnogo edinstva).
346 Original: Славянский Союз (Slavjanskij Sojuz).
347 Vgl. Guščin et al. (2008), S. 151.
348 Schumatsky (2010), in: Deutschlandradio Kultur (2010).

Das Verbot wurde vom Städtischen Gericht in Moskau ausgesprochen, welches die Organisation als ‚extremistisch' eingestuft hatte. Der *Slavische Bund* ging aus der nationalistischen und paramilitärischen Organisation *Russische Nationale Einheit* hervor. Ihre Aktionen gingen auf nationalistische und offen nazistische Bündnis- und Organisationsversuchen zurück.[349] Engen Kontakt suchte die Organisation vor allem zur militanten freien Naziszene, zu Fußball-Hooligans sowie anderen nationalistisch gesinnten Aktivisten.[350]

Der *Slavische Bund* gilt ebenso als Initiator von Übergriffen auf Internetseiten von Menschenrechtsorganisationen und jüdischen Organisationen in Russland.[351] Darüber hinaus war er zu Beginn an den *Russischen Märschen*, die seit dem Jahre 2005 stattfinden, beteiligt. Symbolische Codes waren u.a. der so genannte *Römische Gruß* (auch bekannt als respektiver Hitler-Gruß) und ‚*Sieg Heil*'-Rufe, die ein offenes Bekenntnis zu Hitler und dem III. Reich symbolisieren.[352] Die Grundlage ihrer Ideologie bildet sich „aus offenem Rassismus, Verherrlichung des Nationalsozialismus und völkischer Abgrenzung. Sozialdarwinistische Überlebensdiskurse sind hierbei eng mit homophober Exklusionen verzahnt."[353]

Gewalt stellt ein unabdingbares Element dar. Nach dem Verbot des *Slavischen Bundes* wurde dieser einer Änderung unterzogen. Zu nennen sei hier die Umbenennung in *Slavische Kraft*[354] und die Umbesetzung der Position des Vorsitzenden durch Dmitrij Bacharev. Nach weiteren Angaben haben sich jedoch die Ideologie, Symbolik und Aktivitäten der Organisation nicht verändert. Letztendlich kann man sich folgendem anschließen und wird durch die gegenwärtigen Beobachtungen bestätigt:

> Das Verbot des ‚Slavianskij Sojuz' wird wenig an der grundsätzlichen nationalistischen und gewalttätigen Atmosphäre in Russland ändern. Nazis prügeln, überfallen und töten weiter. Der Slawische Bund bietet hierzu Organisationsstrukturen, wie Wehrlager, Sportklubs, Kontakte usw., die für militante Nazis wichtig sind. Ernsthafte Konsequenzen muss die Naziorganisation wahrscheinlich nicht befürchten. Die Rhetorik hat sich schon verändert, sie ist sehr viel aggressiver und militanter. Das dem Taten folgen, ist zu befürchten.[355]

---

349 Aka Berlin (2011c): Slavjanskij Sojuz endgültig verboten.
350 Aka Berlin (2011c): Slavjanskij Sojuz endgültig verboten.
351 Maegerle (2007): Die Armee der weißen Rasse. Neonazis und andere Rechtsextremisten in Osteuropa.
352 Aka Berlin (2011c): Slavjanskij Sojuz endgültig verboten.
353 Aka Berlin (2011c): Slavjanskij Sojuz endgültig verboten.
354 Original: Славянская Сила [Slavjanskaja Sila; (SS)].
355 Aka Berlin (2011c): Slavjanskij Sojuz endgültig verboten.

Die Zerschlagung unzähliger Organisationen und die Verhaftung derer Führer wird die Szene im Ganzen nicht aufhalten. Alte Führer werden durch neue ersetzt. Darüber hinaus verfügt die Szene über ein gewaltiges Rekrutierungspotenzial unter losen Skinhead-Gruppen, die sich autonom formieren. Ebenso sind bereits vor der Verschärfung der strafrechtlichen Verfolgung rechtsextremistischer Straftaten Reorganisationsprozesse in Gang gesetzt worden, die sich an die neue Situation angeglichen haben.

3.6.4 Russische Gestalt

> Wir sind die radikale nationale Tradition, die die entartete Gegenwart angreift. Wir sind «prähistorische Barbaren», die mit «posthistorischen» Technologien bewaffnet sind. Die Russische Gestalt ist keine Bande, keine Propaganda-Agentur und keine politische Partei. Wir sind all das zusammen.[356]

Russische Gestalt wurde von Nikita Tichonov und Il'ja Gorjachev gegründet. Die *Russische Gestalt* setzt sich nach ihren Aussagen zum Ziel „den Rußländer zu überwinden: Zuerst in sich selbst und in seinen Nächsten. Danach in allen, die noch nicht hoffnungslos verloren sind."[357]

Russische Gestalt ist ein Beispiel für das ‚neue Phänomen' der *Autonomen Nationalisten*, die in Russland die Selbstbezeichnung der *Autonomen Widerstandsgruppen* benennen. Ihre Struktur beschreiben sie als ein in Russland landesweit und darüber hinaus funktionierendes Netzwerk. Sie sei als *Selbstorganisations-Typ* aktiv, die sich nicht auf dem Führerprinzip aufbauen, sondern auf so genannte Autoritäten. Des Weiteren charakterisieren sie sich als eine Bruderschaft, welche in steter Einsatzbereitschaft verharrt und sich mobilisieren kann, um „die Ehre der Russischen Gestalt in jedem möglichen Format zu verteidigen."[358] Ihre Unterstützung erhalten sie nach eigenen Angaben aus einem „weiten Kreis politischer, gesellschaftlicher Unternehmens- und Informationsstrukturen."[359]

---

356 Russkij Obraz (2008).
357 Russkij Obraz (2008).
358 Russkij Obraz (2008).
359 Russkij Obraz (2008).

Die Symbolik entlehnen sie zum einem dem *Konstantin-Kreuz*, welches auf einer alten Legende des Kaisers Konstantin des Großen zurückgehen soll und zum anderen das Runenlogo von *Russische Gestalt*. Hierbei übertragen sie das Runenlogo auf altslavische Überlieferungen. Es zeigt sich die Vereinbarkeit keltischer Symbole und altslavischer Mythologie.[360] Die Organisation ist „im russischen Blood & Honour-Ableger vernetzt und publizierte die gemeinsame Erklärung *Ethnischer Kodex des Russischen Nationalisten.*"[361] Unterschrieben hatten *RO*, *Blood & Honour / Combat 18* sowie die militante Gruppe *Ob'edinennye Brigady-88 (Vereinigte Brigade-88, OB-88)*.[362] Den Schwerpunkt ihrer gleichnamigen nationalistischen Zeitschrift umschreiben sie wie folgt:

> Es erfolgt ein permanentes Monitoring rechtswidriger Aktivitäten von Diaspora, Migranten und machtausübenden Strukturen gegen die eingeborene Bevölkerung, gegen Russen insgesamt und insbesondere gegen russische Nationalisten. Es werden diverse Fälle von Korruption, gesetzwidrigen Handlungen und anderen Verletzungen des geltenden Rechtes festgestellt. Anhand von Ergebnissen von entsprechenden Datenanalysen werden entsprechende Maßnahmen getroffen, und zwar, Kampagnen zwecks Beleuchtung konkreter Ereignisse unter dem richtigen Gesichtswinkel in Massenmedien und Internet veranstaltet, Abgeordneten-Anfragen vorbereitet sowie andere Arten von Unterlagen- und Briefwechsel mit Instanzen geführt, welche in der Lage sind, entsprechende Situationen zu regulieren.[363]

Es wird die Nähe zur kampfsportlichen Arbeit und zur Moskauer Gruppe *Hook Sprawa* (dt. *Der rechte Haken*) betont, die als offizielle Stimme der *Russischen Gestalt* fungiert.[364]

Aus den Reihen der Organisation *Russische Gestalt* stammen die Täter im Mordfall des Menschenrechtsanwalts Stanislav Markelov und der kremlkritischen Journalistin Anastasia Baburova. Die Täter wurden im Jahre 2011 wegen politischen Doppelmordes zu einer lebenslangen Haftstrafe verurteilt. RO gilt als Nachfolge-Organisation der verbotenen DPNI und des *Slavischen Bundes* und vereint nun als Sammelbecken militante Nazis und das neue Phänomen der *Autonomen Nationalisten*[365]: „Durch die

---

[360] Russkij Obraz (2008).

[361] Original: Этический Кодех Русского Националиста (Etičeskij Kodeks Russkogo Nacionalista).

[362] Aka Berlin (2011a): Prozess im Markelov Baburova Mord.

[363] Russkij Obraz (2008).

[364] Russkij Obraz (2008).

[365] Die *Autonomen Nationalisten* sind ein neues Phänomen der rechten Subkultur. Die Besonderheit besteht darin, dass sich ‚linkes Aussehen' der linken Autonomen mit rechter Ideologie vermischt. Die ‚Autonomen Nationalisten' stellen eine „Sonderform der üblichen Kameradschaften, die sich auf den Nationalsozialismus, die Nazi-Skinhead-Kultur oder völkische Traditionen bezie-

hervorragende Beziehung der Aktivisten nach Westen, ihrer Verwurzelung in der Nazi-Subkultur sowie zu Nazi-Terroristen, ist diese Gruppe als sehr viel gefährlicher einzuschätzen."[366]

3.6.5 Schultz 88 und Mad Crowd

Die nächsten beiden Organisationen sind Beispiele für die Propagierung einer offenen nationalsozialistischen Ideologie. Die Organisation *Schultz 88* wurde im Jahre 2001 gegründet und war eine Gruppe von Jugendlichen im Alter von 16 bis 20 Jahren.[367] *Schultz 88*[368] forcierte Aktionen und Übergriffe aus ethnisch motiviertem Hass. Sie rekrutierten vor allem Jugendliche in ihre Reihen, die den Skinhead-Gruppen angehörten. Des Weiteren kommunizierten sie mit anderen neonazistischen Netzwerken und tauschten Informationen aus. Sie vermarkteten Kleidung, nationalsozialistische Literatur und sonstige NS-Utensilien.[369] Ihre Vorgehensweise war aggressiv und gewalttätig. Zu ihren Opfern gehörten vor allem Menschen kaukasischer Herkunft, insbesondere Arbeitsimmigranten. Charakteristisch für die Gruppe war ebenfalls die militärische und körperliche Ausbildung ihrer Anhänger, um im Kampf zu bestehen. Der ehemalige Führer, Dmitrij Bobrov, der Gruppierung *Schultz 88* kehrt nach sechsjähriger Haftstrafe mit seiner neuen Bewegung *Nationalsozialistische Initiative* und die damit verbundene Kampagne *Russen, hört auf zu saufen! Zeit zu kämpfen!* zurück.[370]

Die Gruppierung *Mad Crowd* entstand im Jahre 2002 und zog vor allem Fußballfans an, denen später die nationalsozialistische Ideologie ‚eingetrichtert' wurde. Die

hen" dar (Vgl. Kulick /Staud (2009), S. 84.). Ferner ist anzuführen, dass „Autonome Nationalisten dabei lediglich ein identitätsstiftender Sammelbegriff ist, unter dem lokale Gruppen Aufkleber und Plakate verbreiten oder Gewalt gegen Andersdenkende ausüben. Die ‚Autonomen Nationalisten' versuchen, sich antikapitalistisch, modern und militant zu geben, um damit erlebnisorientierte Jugendliche für ihre Sache zu gewinnen" (Vgl. Kulick /Staud (2009), S. 84). Der Widerspruch besteht im Begriff ‚autonom', im Sinne von unabhängig, zur rechten Ideologie: „Das rechtsextremistische Führerprinzip, das Konstrukt von ‚Rassen' und die Volksgemeinschaftsideologie könnte gegenüber dem Begriff ‚autonom' kaum gegensätzlicher sein" (Vgl. Staud /Kulick (2009), S. 84).

366 Aka Berlin (2011d): Verbotsverfahren gegen die DPNI hat begonnen.

367 Vgl. Guščin et al. (2008), S. 152.

368 88 steht als szeneinterner Code für *Heil Hitler*.

369 Vgl. Guščin et al. (2008), S. 151.

370 Vgl. Weinmann (2011a), in: Konkret (2011), Heft Nr. 02/2011.

Gruppe wurde vor allem in St. Petersburg als eine der gefährlichsten eingestuft. Ihr Vorgehen war geprägt durch die Organisation von Pogromen auf Märkten und gesellschaftlichen Einrichtungen sowie der Mord an einem Gastarbeiter nach dem Konzertbesuch der Band *Kolovrat*.[371] Der Führer war Dmitrij Borovikov, der bei seiner Verhaftung durch eine Polizeikugel im Jahre 2006 tödlich verletzt wurde und seitdem als Held, der im ‚Kampf' gestorben sei, in Neonazi-Kreisen verehrt wird.[372] Die *Gruppe Borovikov*, die er später gründete, unterlag einer festen Struktur, die durch harte Disziplin geprägt war.[373]

Der Zusammenhalt der Gruppe beruhte auf einer gemeinsamen Ansicht und Weltanschauung, die durch Rassenhass und strikte Ablehnung von Dunkelhäutigen charakterisiert war. Ein weiteres Merkmal dieser Gruppe war auch ihre Anonymität, welche auch ihre Mitglieder betraf. Erste Aktionen der Gruppe waren seit dem Jahre 2003 zu beobachten. Die Gruppe war sehr aggressiv und gewaltbereit: „Die Neo-Nazis traten mit so genannten ‚schwarzen Ausgräbern' (die an Schauplätzen von Weltkriegsschlachten illegal nach Waffen suchen, um diese restauriert zu verkaufen) in Kontakt, um die Skins mit einem ganzen Arsenal an Tötungsgeräten auszustatten."[374]

Unter den Opfern dieser Gruppe ist auch der Wissenschaftler Nikolaj Girenko zu finden, welcher Extremismus-Experte und Fachmann im Fall der Gruppe *Schultz 88* war.[375]

3.7 Rechte Musik

Ein unverzichtbares Element der rechtsextremen Szene ist die Musik, denn „sie widerspricht dem diskursiven Anspruch der Rechtsradikalen auf die Existenz einer ‚natürlichen', ethnisch homogenen Gemeinschaft der Russen, der Slaven bzw. der Weißen und entlarvt diese Behauptung als Ideologem."[376]

---

[371] Vgl. Guščin et al. (2008), S. 153.
[372] Heyden (2010c), in: Antifaschistisches Infoblatt (2010).
[373] Nikiforow (2009), in: Newsletter Osteuropa (2009), Februar /2009, S. 1.
[374] Nikiforow (2009), in: Newsletter Osteuropa (2009), Februar /2009, S. 2.
[375] Vgl. Nikiforow (2009), in: Newsletter Osteuropa (2009), Februar /2009, Seite 2.
[376] Golova (2009), in: Kultura (2009), Nr. 4/2009, S. 19.

In der rechtsextremen Musikszene findet man ein großes Spektrum von Genres, die sich rechtsorientierter Elemente bedienen, wie z. B. Symbole, Gestik oder der Kleidungsstil. Musik gilt hierbei als Einstiegsdroge in die rechtsextreme Szene. In den Liedtexten vermischt sich ein harter Sound mit ideologischen Elementen, wie z. B. die Anstachelung zum Rassenhass, und darüber hinaus werden die Genres des Rechts-Rocks und des Hardcore / Hatecore, die typischen Musikgenre der Rechtsextremen, durch Genre, wie z. B. Nazi-Punk oder White Rap, erweitert, was jedoch meist als ‚rassisch fremd' angesehen wird.[377] Neben der bereits erwähnten *Blood & Honour*-Band *Kolovrat* haben Bands, wie z. B. *T.N.F.* (Abkürzung für *Terror National Front*), *Wandal*, *Kiborg* oder *Position*, Einfluss auf die Szene.[378]

Die Texte behandeln aktuelle Themen, wie z. B. die sozialen und politischen Missstände im Land, die verschwörungstechnisch oder nationalistisch interpretiert werden, sie kombinieren dabei rechte Denkmuster und füllen diese mit Parolen, die *Sei ein Weißer! Sei du selbst!* lauten.[379] Des Weiteren sind die Texte rassistisch und antisemitisch unterlegt, „in denen von der Überfremdung Russlands, von Migrantenmassen, ausländischem Finanzkapital sowie einem von der ‚antivölkischen' Regierung beförderten moralischen und rassischen Verfall die Rede ist."[380]

Darüber hinaus verbinden die Texte die Verwendung „alter, zum Teil noch aus der NS-Zeit bekannter symbolträchtiger Motive, wie blutsaugende Parasiten auf dem Volkskörper, kriminelle Fremde, jüdische Verschwörung, gleichgültige Masse vs. kämpfende Eliten, jüdisch-christliche kulturelle Unterwerfung oder gnadenloser Rassenkrieg"[381] mit der Illusion „sich als Gemeinschaft russischer / weißer Soldaten an der vordersten Front dieses Kriegs zu verstehen, immer bereit, sich selbst und vor allem die anderen, die Feinde, für die völkische Einheit zu opfern." [382] Diese ‚Gemeinschaft' überträgt sich auf das alltägliche Leben und wird in Form von Schlägereien und Überfällen auf *Nicht-Weiße* versinnbildlicht.

Des Weiteren gleichen Konzerte, die mittlerweile nur noch spontan und für ‚Szeneinterne' stattfinden, fast einem ‚Ritual'. Neben der Kommunikation über das Internet und der Diskussionen in ihren Blogs und Foren, sind Konzerte für viele Rechtsextre-

---

[377] Vgl. Golova (2009), in: Kultura (2009), Nr. 4/2009, S. 19.
[378] Vgl. Golova (2009), in: Kultura (2009), Nr. 4/2009, S. 19.
[379] Vgl. Golova (2009), in: Kultura (2009), Nr. 4/2009, S. 19.
[380] Golova (2009), in: Kultura (2009), Nr. 4/2009, S. 20.
[381] Golova (2009), in: Kultura (2009), Nr. 4/2009, S. 20.
[382] Golova (2009), in: Kultura (2009), Nr. 4/2009, S. 20.

me die Möglichkeit mit Gesinnungsgenossen in Kontakt zu treten. Dabei sind diese Konzerte für die meisten jungen Rechtsextremen *emotionale Erlebnisse*, welche sich vorwiegend aus dem gemeinsamen „Skandieren von bekannten Liedtexten, beim Tanzen oder beim Hitlergruß bzw. seinen Abwandlungen" schöpfen.[383]

Der Auftrittsort stellt einen interessanten Fakt bei der Organisation von Konzerten dar, auf denen russische WP-Bands und B&H-Bands spielen. Anzumerken ist hierbei die Notwendigkeit der Geheimhaltung solcher Auftritte, da es in den letzten Jahren vermehrt zu Razzien gekommen ist und sich die Szene vor Repressionen seitens des Staates schützen möchte. Dies ist ein weiterer Punkt, warum die Rechtsextremen im Untergrund agieren.[384] Solche Konzerte ziehen meistens Szeneanhänger aus vielen europäischen Staaten, aber auch der Ukraine, Weißrussland sowie Amerika an. Darüber hinaus ist hier der Fakt der Überwindung der historischen Ereignisse interessant: Während Länder, wie z. B. die Ukraine oder Weißrussland, als ein „rassisch und historisch eng mit den russischen verbundenes Volk"[385] angesehen werden, ist die Brücke zur Anerkennung als ‚eine Gemeinschaft' seitens der westeuropäischen Gesinnungsgenossen schwerer zu überqueren.[386] Nach Golova kann diese Schwierigkeit klar umrissen werden:

> Diese Ablehnung hat klare historische Vorbilder u. a. in der Rassenideologie des deutschen Nationalsozialismus. Diejenigen russischen Rechtsrock-Protagonisten und radikalen Rechten, die sich an dieser Ideologie orientieren, müssen also den Widerspruch lösen zwischen der abschätzigen Meinung ihrer ideologischen Vorbilder den Slawen gegenüber und dem eigenen Anspruch, zur überlegenen Rasse zu gehören.[387]

Somit ist die rechte Musikszene von der Vermischung slavischer und nationalsozialistischer Symbole geprägt, nicht nur um ihre ‚Gemeinschaft' zu charakterisieren, sondern auch um diese Brücke überqueren zu können. Darüber hinaus ist folgendes zu beobachten:

> Neben dieser Szene existiert im Land jedoch eine große Vielfalt an rechten / rassistischen Bands, die reaktionäre Erlebniswelten bieten: von rechtem Ska über patriotischen Hiphop bis hin zu einer nahezu komplett nationalistischen Psychobilly-Szene. Größere Teile dieser Musik-Subkulturen können jedoch eher als ‚nazi-friendly' denn als dezidiert neonazistisch

---

383 Golova (2009), in: Kultura (2009), Nr. 4/2009, S. 20.
384 Vgl. Golova (2009), in: Kultura (2009), Nr. 4/2009, S. 21.
385 Vgl. Golova (2009), in: Kultura (2009), Nr. 4/2009, S. 21.
386 Vgl. Golova (2009), in: Kultura (2009), Nr. 4/2009, S. 21.
387 Golova (2009), in: Kultura (2009), Nr. 4/2009, S. 21.

bezeichnet werden. Ihre Angehörigen verstehen sich in den seltensten Fällen als offen rechtsextrem, ‚Saufen, Fußball, Oi' bildet hier den allgemeinen Konsens.[388]

Dies lässt hier jedoch den Schluss zu, dass eine rechte Unterwanderung in andere alternative Jugendszenen ein gewisses Potential einer ‚Infizierung' mit rechtem Gedankengut mit sich trägt.

3.8 Rechte Mystik

> Zu den Eckpfeilern der russischen Skinhead-Szene gehört die Grundannahme, im Kreml sitze ein vom Westen gesteuertes ‚Okkupations-Regime', welches die Rohstoff-Ausbeutung Russlands organisiere. Schon die Oktoberrevolution sei eine ‚jüdische Verschwörung' gegen das russische Imperium gewesen. Weil das Christentum durch den Juden Jesus ‚besudelt' sei, orientieren sich die russischen Skinheads an vorchristlichen heidnischen Traditionen aus Russland und Deutschland.[389]

Ein wichtiges Element des jugendkulturellen Rechtsextremismus ist die rechte Mystik, welche sich u. a. an Verschwörungstheorien, Sekten und Geheimbünden orientiert und durch einen mystischen Nationalismus vervollständigt wird. Das Zurückgreifen auf Eskapismus (Flucht vor der Wirklichkeit) und mystischen Nationalismus kann zur Führung eines totalitären Systems beitragen, das vor allem durch einen irrationalen Glauben an die Wahrheit geprägt ist.[390] In Russland neigt die Mehrheit der nationalistischen, radikalen Gruppierungen zu überreligiösen Ansichten, die sich um Mythen und Legenden von Atlantis drehen, kämpfend mit den Slaven, über altägyptische Priester, welche mit den Methoden der Gentechnik, die Bioroboter – die Juden, erforschten.[391]

Der mystische Nationalismus stellt ein wichtiges Element der Rekrutierung von Jugendlichen durch Neofaschisten dar: Die Neofaschisten nutzen hierbei den allgemeinen Niedergang der Kultur, die verschlechterte Bildung, die Unkenntnis der Geschichte und die Missgunst der Jugendlichen aus und paaren diese mit einer be-

---

388 OireSzene (2011), in: Antifaschistische Aktionen und Veranstaltungen zu Grauz, Internationales, Subkultur und Widerstand und Nazistrategien (2011).

389 Heyden (2010a), in: Moskauer Zeitung (2010).

390 Vgl. Guščin et al. (2008), S. 137.

391 Vgl. Guščin et al. (2008), S. 138.

wussten Propaganda, die zum Teil in einem fanatischen Glauben wurzelt.[392] Diesem wird Nachdruck verliehen, indem man dem Jugendlichen ‚weismacht', er sei „ein auserwähltes Geschlecht, ein Nachkomme einer alten Zivilisation, welches andere minderwertige Rassen hervorriefen."[393]

Eine Grundessenz der nationalistischen Mystik der Jugendlichen ergibt sich auch aus der nationalsozialistischen Mystik. Diese Mystik geht auf die Weimarer Republik zurück, auf ein Deutschland Ende des 19. und Anfang des 20. Jahrhundert, welches schweren sozio-ökonomischen Bedingungen gegenüberstand, der Niederlage des I. Weltkrieges, einer revisionistischen Stimmung in der Gesellschaft, einer Situation, die die Bevölkerung als nationale Demütigung wahrnahm.[394]

Neben der Renaissance der germanischen bzw. nordischen Mythologie sowie der Runen spielten auch ein verstärktes Interesse für Spiritismus und Okkultismus, u. a. die Theosophie, eine wichtige Rolle. Die Theosophie hat ihren Ursprung in den Theorien Elena Blavatskajas, die „den Mythos vom Dach der Welt"[395] geprägt hat. Blavatskaja ist zudem Gründerin der Theosophischen Gesellschaft in New York im Jahre 1875. Ihre theosophische Lehre ist auch die wichtigste Quelle des modernen abendländischen Okkultismus bzw. modernen Esoterik.[396] Ebenso ist sie die Begründerin der so genannten *Lehre der Wurzelrassen*[397]. Ihre Bücher, *Die Geheimlehre* [russ. *Tajnaja Doktrina*; 1888] und *Der Schlüssel zur Theosophie* [russ. *Ključ k teosofii*; 1889], be-

392 Vgl. Guščin et al. (2008), S. 138.
393 Guščin et al. (2008), S. 138.
394 Vgl. Guščin et al. (2008), S. 138.
395 Vgl. Kurka (2000): Der Missbrauch der Esoterik, der nordischen Mythologie und Runen im III. Reich.
396 Vgl. Schweidlenka (2008), in: Arbeitskreis „Politische Bildung" (2008), Antifa-Info, Nr. 6/2008, S. 4
397 „Unter den Wurzelrassen verstehen Theosophen sieben aufeinander folgende Menschenrassen, die sich während eines Zeitenzyklus auf dem Planeten Erde entwickeln. Jede Wurzelrasse teilt sich in sieben Unterrassen, die den Gesetzen der Evolution unterworfen sind. Auf Atlantis, der laut Blavatskaja 9564 v.Chr. versunkenen Insel, habe sich vor 18.000 Jahren die fünfte Wurzelrasse der Arier herausgebildet, als deren höchst entwickelte Unterrasse (die 5.) Blavatskaja die germanisch-nordische bzw. teutonische, zu der sie Germanen, Kelten und Slawen zählte, ansah. Die Juden waren im Weltbild der Begründerin der Theosophie ein ‚abnormes und unnatürliches Bindeglied zwischen der vierten und fünften Wurzelrasse'. Wie sie selbst sei die jüdische Religion zu einer ‚Religion des Hasses und Übelwollens gegen jedermann' entartet. Für die meisten Naturvölker unserer Erde sah Blavatskaja deren Ausrottung als eine ‚karmische Notwendigkeit' an. In Blavatskajas Werk wurden die zwei Strömungen der Theosophie, deren eine die Bruderschaft aller Menschen unabhängig von der Hautfarbe betont, deren von der okkulten Herrscherrolle der Arier überzeugt ist, begründet" (Vgl. Schweidlenka (2008), in: Arbeitskreis „Politische Bildung" (2008), Antifa-Info, Nr. 6/2008, S. 4).

schäftigen sich mit den Evolutionstheorien, u. a. „abgeleitet von untergegangenen Menschheitskulturen, Atlantis und den Hyperboräern, welche am Nordpol vom Himmel stiegen und die damit verbundene Begründung der arischen Rasse."[398] Das Symbol der Theosophischen Gesellschaft war das Hakenkreuz[399] („Swastika"; „Sonnenrad"), dass sich später die deutschen Nationalsozialisten als Symbol aneigneten. Ferner galten die theosophischen Ansätze Blavatskajas als Basis für die späteren nationalsozialistischen Ansätze und für den erstarkenden Rassismus.[400]

Der „Arierkult wurde unter radikalisierten rassistischen Vorzeichen von der Ariosophie aufgegriffen" [401] , welcher neben Jörg Lanz von Liebenfels mit seiner rassistischen Schriftenreihe *Ostara* und der Gründung des *Ordo Novi Templi* (*Neuer Templer-Orden*; um 1900), indem der nationalsozialistische Mystizismus reifte, auch von Guido von List begründet wurde. Ein weiterer Wegbereiter war das Mitglied des *Thule-Ordens*, Alfred Rosenberg, mit seiner Schrift *Mythos des Zwanzigsten Jahrhunderts*, sowie die Lehren der Rosenkreuzer[402].[403]

Ein wichtiges Element bei den Neonazi-Gruppierungen bildet die *Thule-Gesellschaft*, die sich unter den Jugendlichen stark ausbreitet. Die Thule-Gesellschaft, im Jahre 1918 gegründet, verband „germanentümelnde Mystik mit Antisemitismus und dem Willen zur Weltherrschaft"[404] und war durch die Verbindung von „Esoterik, Mythos

---

[398] Kurka (2000): Der Missbrauch der Esoterik, der nordischen Mythologie und der Runen im III. Reich.

[399] Es ist in den meisten Ländern als politisches Symbol verboten. Meist wird von den rechtsextremen Gruppierungen ein abwandelndes Hakenkreuz verwendet, wie z. B. das Keltenkreuz oder die Triskele (vor allem vom Blood & Honour-Netzwerk).

[400] Vgl. Kurka (2000): Der Missbrauch der Esoterik, der nordischen Mythologie und der Runen im III. Reich.

[401] Schweidlenka (2008), in: Arbeitskreis „Politische Bildung" (2008), Antifa-Info, Nr. 6/2008, S. 4.

[402] Bei dem Rosenkreuzertum handelt es sich um einen angeblichen, bis dato verborgen gebliebenen geheimen Männerorden, der auf Johann Valentin Andrae und seinen Schriften zurückgeht und eine Welle von Rosenkreuzerschriften auslöste bzw. eine Vielzahl von Ordensgründungen nach sich zog (Vgl. Stahl-Schwaetzer (2002), S. 179). Das Rosenkreuzertum wurde durch drei Prinzipien charakterisiert, die Andrae vorangestellt hatte: 1." Den dem gewöhnlichen Auge verborgenen Teil der Welt zu erforschen, d.h. okkultes Wissen zu gewinnen; 2. Dieses Wissen in den Dienst der Veränderung des menschlichen Lebens, der Welt, zu stellen; 3. Mit Hilfe dieser beiden Prinzipien das Ziel der Schöpfung zu erreichen, das in der Entfaltung des Menschen zu seiner Vollkommenheit als ‚Mikrokosmos' gesehen wurde" (Vgl. Stahl-Schwaetzer (2002), S. 179).

[403] Vgl. Guščin et al. (2008), S. 139.

[404] Vgl. Schweidlenka (2008), in: Arbeitskreis „Politische Bildung" (2008), Antifa-Info, Nr. 6/2008, S. 5.

und Politik zu einem explosiven Gebräu"[405] geworden. In der Thule-Gesellschaft nahm Tibet einen großen Stellenwert ein, da dort „die sagen Meister und okkulten Herren der Welt vermutet wurden; jene ‚Übermenschen' aus fernen urzeitlichen Tagen, von denen die Thule und Atlantis künde(te)n, wobei Thule als nordische Atlantis-Variante gehandelt wurde."[406]

Eine weitere Bedeutung hat die vom Reichsführer der *SS*, Heinrich Himmler, gegründete Gesellschaft *Ahnenerbe*, die sich vor allem mit der antiken germanischen Mythologie beschäftigt und deren Gesellschaft Symbole vom *Rosenkreuzertum* übernahm, und später unter der Zuständigkeit der SS stand.[407] Im NS-Staat spielten vor allem okkulte Techniken und Lehren, wie z. B. die Astrologie, eine besondere Rolle und fand unter Himmler reges Interesse:

> Vor allem deren höheren Ränge (Offiziere der SS) waren dazu ausersehen, eine Art neuheidnisch-okkulten Orden zu bilden, der Rituale, magische Praktiken und Konzentrationsübungen durchführte, die alle dem Aufbau einer neuen, Führer zentrierten Religion dienen sollten.[408]

Die moderne nationalsozialistische Mystik basiert vor allem auf einem System und den Traditionen des *Schwarzen Ordens*, die mit einer Beschönigung des Dritten Reiches und einer ästhetischen Anlehnung an die SS einhergehen, wie z. B. die in Russland vertretene religiöse, extremistische Neonazi-Gruppierung *Orden Ansuzgarda*.[409]

Darüber hinaus sind auch die *Protokolle der Weisen von Zion* zu nennen, welche vor allem heute in russischen nationalistischen Kreisen beliebt sind. Hierbei handelt sich um eine antisemitische Schrift, die vor allem in rechtsextremistischen Kreisen als ein authentisches Beweisdokument für das Streben nach Weltherrschaft der Juden gilt. Die Protokolle umfassen den „gesamten Mythos von der jüdisch-freimaurerischen Weltverschwörung in konzentrierter Form."[410] Diese fanden auch bei der *Schwarzen*

[405] Vgl. Schweidlenka (2008), in: Arbeitskreis „Politische Bildung" (2008), Antifa-Info, Nr. 6/2008, S. 5.
[406] Schweidlenka (2008), in: Arbeitskreis „Politische Bildung" (2008), Antifa-Info, Nr. 6/2008 S. 6.
[407] Vgl. Guščin et al. (2008), S. 139.
[408] Schweidlenka (2008), in: Arbeitskreis „Politische Bildung" (2008), Antifa-Info, Nr. 6/2008, S. 7.
[409] Vgl. Guščin et al. (2008), S. 139.
[410] Schweidlenka (2008), in: Arbeitskreis „Politische Bildung" (2008), Antifa-Info, Nr. 6/2008, S. 10.

Hundertschaft Anfang der 1900er Jahre großen Anklang und wurden wie eine ‚Bibel' herumgereicht und „zur Legitimation des Völkermords zitiert."[411]

Erst in den 1990er Jahren entflammte in russischen rechtsorientierten Kreisen das Interesse an den *Protokollen der Weisen von Zion* wieder auf und wurde erneut zu einer Art ‚Propagandaschrift', mit der man den Nationalismus durch eine antisemitische Stimmung forcierte. Die Protokolle wurden im Jahre 2010 überprüft und als extremistisches Material gekennzeichnet und daraufhin verboten. Die Begründung beruhte auf der Annahme, dass die Publikation eine erhebliche Bedrohung für den interethnischen Frieden, der Harmonie und Integrität im Land darstellt.[412]

Weiter gibt es in Russland ebenfalls noch eine Besonderheit der national-mystischen Auffassung bei Jugendlichen, die über die nationalsozialistische Mystik und den Okkultismus hinausgeht. Hierbei soll erwähnt werden, dass Jugendliche auch Mythen auf der Basis von Fantasy-Literatur zeitgenössischer Autoren entwickeln, wie z. B. das Buch des russischen Science-Fiction und Fantasy-Romanautor Jurij Nikitin[413], das vor allem als eine neue Basis für das Neuheidentum darstellt und insbesondere in der *Rollenspiel-Community* bekannt ist. Forscher sehen die Vermischung nationalistischer Ideen mit dem Okkulten als bedenklich an, da die Mythenbildung in den Spielen eine Spezifik der historischen Annahmen ist sowie eine unkritische Haltung der historischen Variante darstellt und somit Zugang zum Neuheidentum bietet[414] (Vgl. Kapitel 3.5.4).

Ein wichtiges Merkmal der rechten Esoterik darüber hinaus ist der Glaube an Verschwörungstheorien, die sich an folgenden typischen Feindbildern herausstellen lassen: angebliche ‚Rassen', Minderheiten, Kapitalismus, Sozialismus, Liberalismus, alle Ideen und Vereinigungen, die für die Gleichheit der Menschen eintreten, wobei

411 Schweidlenka (2008), in: Arbeitskreis „Politische Bildung" (2008), Antifa-Info, Nr. 6/2008, S. 10.

412 Vgl. Berseneva (2011): Mudrecov zapišut v ekstremisty. Obščestvennaja palata prosit priznat' ekstremistkoj knigu "Protokoly sionskich mudrecov" (Мудрецов запишут в экстремисты. Общественная палата просит признать экстремисткой книгу «Протоколы сионских мудрецов»).

413 Seine Bücher verarbeiten u.a. slawische Motive und Ideen des slawischen Volkes, als ältestes und auserwähltes. Zu seinen Reihen zählen Werke wie z. B. "Hyperborea": Prince Rus' (russ. Князь Рус), Ingvar and Ol'cha (russ. Ингвар и Ольха), Prince Vladimir (russ. Князь Владимир).

414 Vgl. Guščin et al. (2008), S. 141.

hier die Besonderheit des verschwörerischen Denkens die Nähe zum rechtsextremistischen Denken und auch zum Neonazismus ist.[415]

3.9 Die Bekämpfung des Rechtsextremismus

Die gesetzliche Grundlage für die Bekämpfung des Rechtsextremismus bildet in Russland das Extremismus-Gesetz, welches im Strafgesetzbuch verankert ist.

Der Erlass über die *„Maßnahmen zur Gewährleistung abgestimmter Handlungen der Organe der Staatsmacht im Kampf gegen Erscheinungen von Faschismus und anderen Formen des politischen Extremismus in der Russischen Föderation"* manifestierte erstmals im Jahre 1995 ein in Russland existierendes Faschismus-Problem. Im Jahre 2002 trat das Gesetz *„Über die Gegenwehr gegen extremistische Tätigkeit"* in Kraft. Das Gesetz beinhaltete Strafvorschriften, die den bisherigen Artikel 280 StGB gegen „öffentliche Aufrufe zur gewaltsamen Machtergreifung" in „öffentliche Aufrufe zur Machtausübung einer extremistischen Tätigkeit" umgewandelt haben.[416] Des Weiteren wurde diese Strafvorschrift um die *„Vorschrift gegen die Organisation einer extremistischen Vereinigung"* (Art. 282 /1 StGB) und die *„Vorschrift gegen die Organisation der Tätigkeit einer extremistischen Vereinigung"* (Art. 282 /2 StGB) erweitert.

Der Artikel 282 /1 StGB definiert hierbei Begriffe wie *Extremismus*, *Extremistische Organisation* und *Extremistische Materialien.* Unter einer extremistischen Organisation versteht die russische Gesetzgebung eine „organisierte Gruppe von Personen zur Vorbereitung oder Ausführung von ‚Straftaten extremistischer Richtung'"[417], worunter sie Straftaten wie z. B. „der Behinderung der Glaubens- und Gewissensfreiheit, der Versammlungsfreiheit, des Rowdytums, des Vandalismus, der Beschädigung von Geschichts- und Kulturdenkmälern, der Schändung von Leichen und Bestattungsorten, des öffentlichen Aufrufs zur gewaltsamen Änderung der verfassungsmäßigen Ordnung und der Erregung von Hass oder Feindschaft sowie der Herabsetzung der Menschenwürde, sofern sie aus ideologischem, politischem, rassischem, nationalem

[415] Vgl. Schweidlenka (2008), in: Arbeitskreis „Politische Bildung" (2008), Antifa-Info, Nr. 6/2008, S. 32.

[416] Vgl. Schroeder (2007), in: Russlandanalysen, Nr. 149, S. 14.

[417] Schroeder (2007), in: Russlandanalysen, Nr. 149, S. 14.

oder religiösem Hass oder entsprechender Feindschaft oder aus Feindschaft in Bezug auf irgendeine soziale Gruppe begangen wurde.“[418]

Der Artikel 282 /2 StGB umfasst die „Organisation der Tätigkeit einer gesellschaftlichen oder religiösen Vereinigung oder einer anderen Organisation, die wegen Ausübung einer extremistischen Tätigkeit gerichtlich verboten wurde sowie die Beteiligung daran.“[419]

Gemäß des Gesetzes *„Zur Bekämpfung des Extremismus"* vom 25.07.2002 und den Änderungen vom 29.04.2008 umfasst Extremismus folgende Punkte, die sich wie folgt anführen lassen:

a) „Tätigkeiten gesellschaftlicher und religiöser Vereinigungen oder anderer Organisationen oder der Redaktionen von Massenmedien, oder natürlicher Personen zur Planung, Organisation, Vorbereitung und Durchführung von Handlungen“ [420]:

- „die gewaltsame Änderung der Grundlagen der verfassungsmäßigen Ordnung und die Zerstörung der Einheit der Russischen Föderation;
- die Untergrabung der Sicherheit des Russischen Föderation;
- die Ergreifung oder Aneignung von Machtbefugnissen;
- die Schaffung ungesetzlicher bewaffneter Formationen;
- die Erregung von rassischer, nationaler, religiöser oder sozialer Zwietracht, die mit Gewalt oder Aufrufen zur Gewalt verbunden ist;
- die Herabsetzung der nationalen Würde;
- Durchführung von Massenunruhen, rowdyhaften Handlungen und Akten den Vandalismus aus Gründen ideologischen, politischen, rassischen, nationalen oder religiösen Hasses oder von Feindschaft in Bezug auf irgend eine soziale Gruppe;
- Propagierung der Ausnahmestellung, der Überlegenheit oder der Nichtvollwertigkeit von Bürgern nach dem Merkmal ihrer religiösen Einstellung, ihrer sozialen, rassischen, nationalen, religiösen oder sprachlichen Zugehörigkeit.“[421]

Des Weiteren:

418 Schroeder (2007), in: Russlandanalysen, Nr. 149, S. 14.
419 Schroeder (2007), in: Russlandanalysen, Nr. 149, S. 14.
420 Hankel (2011), S. 51ff.
421 Schroeder (2007), in: Russlandanalysen, Nr. 149, S. 14ff.

b) „Propagierung und öffentliche Demonstrierung von nazistischen Attributen und Symbolen oder von Attributen und Symbolen, die nazistischen Attributen und Symbolen zum Verwechseln ähnlich sind;

c) öffentliche Aufrufe zur Ausübung der genannten Tätigkeit oder zur Begehung der genannten Handlungen;

d) Finanzierung der genannten Tätigkeit oder eine sonstige Förderung ihrer Ausübung oder der Ausübung der genannten Handlungen, darunter durch Überlassung finanzieller Mittel, Immobilien, eines Lehr-, polygraphischen oder materiell-technischen Stützpunktes, einer Telefon-, Fax- oder sonstigen Verbindung, von Informationsdienstleistungen oder sonstigen materiell-technischen Mitteln zur Ausübung der genannten Tätigkeit."[422]

Extremistische Materialien sind gemäß russischer Gesetzgebung „die Arbeiten der Führung der Nationalsozialistischen Deutschen Arbeiterpartei sowie der Faschistischen Partei Italiens und Publikationen, die die nationale und /oder rassische Ungleichheit begründen oder rechtfertigen oder die Verübung von Kriegs- oder sonstigen Straftaten rechtfertigen, die auf die vollständige oder teilweise Vernichtung einer ethnischen, sozialen, nationalen oder religiösen Gruppe abzielen."[423] Die Verfolgung des Extremismus wird somit vorgenommen anhand des Strafgesetzbuchs der Russischen Föderation (StGB RF):[424]

- Artikel 105: Gemeinschaftlicher Mord aus nationalistischen Motiven und Rassenhass. Strafmaß: Freiheitsstrafen von 8 bis 20 Jahren oder lebenslänglich;
- Artikel 213: Hooliganismus;
- Artikel 214: Vandalismus[425]; Strafmaß: Freiheitsbeschränkung von bis zu drei Jahren oder Freiheitsstrafe von bis zu drei Jahren;
- Artikel 244: Schändung von Leichen und Bestattungsorten;

---

422 Schroeder (2007), in: Russlandanalysen, Nr. 149, S. 15.

423 Hankel (2011), S. 52.

424 Vgl. Hankel (2011), S. 53ff.

425 Es ist anzumerken, dass der Vandalismus als ein Mittel für die religiöse Ablehnung anhand der Beschädigung und Zerstörung von Denkmälern und Kulturstätten fungiert (Vgl. Deutsch-Russischer Austausch (2008), in: Newsletter Osteuropa, August /2009, S. 5).

- Artikel 280: Öffentliche Aufforderungen zur Durchführung der extremistischen Tätigkeit; Strafmaß: Strafandrohung von bis zu fünf Jahren Freiheitsstrafe sowie Berufsverbot von bis zu drei Jahren;
- Artikel 280: Aufwiegelung des Hasses und somit Verletzung der Menschenwürde; Strafmaß: Geldstrafe oder Freiheitsstrafe bis zu zwei Jahren und in der Qualifizierung (Gewalt, Drohung mit Gewalt, Ausnutzung der Dienststellung oder Gruppentat) mit bis zu fünf Jahren Freiheitsstrafe;
- Artikel 282 /1: Gründung einer extremistischen Vereinigung bzw. Teilnahme an dieser; Strafmaß: bis zu sechs Jahre Freiheitsstrafe;
- Artikel 282 /2: Fortführung einer (verbotenen) extremistischen Vereinigung; Strafmaß: Strafandrohung von bis zu drei Jahre Freiheitsstrafe;
- Artikel 357: Völkermord; Strafmaß: Strafandrohung von zwölf Jahren Freiheitsstrafe bis zur Todesstrafe.

Die strafrechtliche Verfolgung rechtsextremistischer Tätigkeiten war bis ins Jahr 2008 sehr latent. Unter diesen Bedingungen konnte sich die rechtsextremistische Szene ‚ungehindert' ausbreiten. Erst in den letzten zwei Jahren lässt sich ein Rückgang bei den rechtsextremistischen Übergriffen und Tätigkeiten beobachten, der aufgrund sinkender Opferzahlen prognostiziert wird. Dieser Umstand ist zum einen der Verschärfung der strafrechtlichen Verfolgung zuzuschreiben, aber auch dem Wandel und der offenbaren Neuorganisation der rechtsextremistischen Szene in Russland, die sich vermehrt im Untergrund bewegt.

Das Anti-Extremismus-Gesetz stößt dennoch auf Kritik. Denn obwohl es vorrangig zur Bekämpfung von Extremismus und Terrorismus eingesetzt wird, kritisieren viele Beobachter die ungenügsame Definition des Extremismus-Begriffs im Allgemeinen. Nach ReachOut stellen vor allem diese „unspezifischen Formulierungen ein Instrument zur Unterdrückung politisch missliebiger Meinungen dar."[426] Dies führt dazu, dass auch antifaschistische Aktivisten, Liberale, aber auch Menschenrechtsorganisationen, wie z. B. Memorial, ins Visier der Justiz geraten (Vgl. Kapitel 4.1).

---

426 ReachOut (2011), S. 28.

Abbildung 5:

Statistik der Verbrechen und Bestrafungen von rassistischen und neonazistischen Überfällen von 2004 bis 14. Juni 2011 (in %)

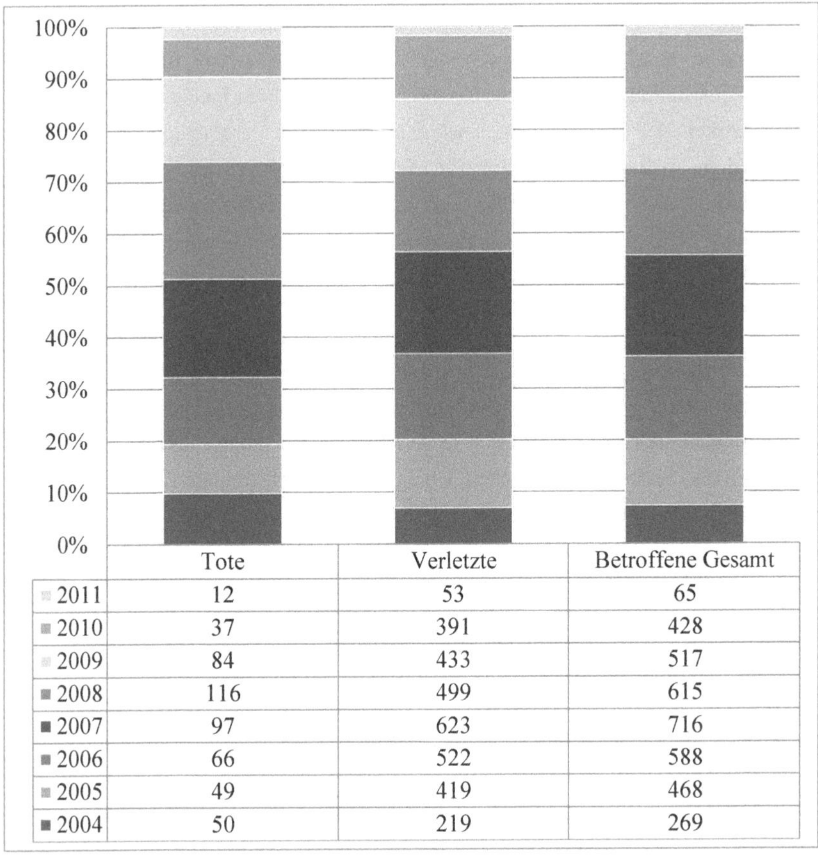

	Tote	Verletzte	Betroffene Gesamt
2011	12	53	65
2010	37	391	428
2009	84	433	517
2008	116	499	615
2007	97	623	716
2006	66	522	588
2005	49	419	468
2004	50	219	269

Datenquelle: Daten des Informations-analytischen Zentrums «SOVA»[427].

[427] Daten des Informations-analytischen Zentrums «SOVA»: http://www.sova-center.ru/racism-xenophobia/publications/2011/04/d21371/ [letzter Zugriff am 23.11.2011].

Abbildung 6:

Statistik rassistischer und neonazistischer Überfälle von 2004 bis 14. Juni 2011[428]

Jahr	2004		2005		2006		2007		2008		2009		2010		2011	
	Tote	Verletzte	Tote	Verletzte	Tote	Verletzte	Tote	Verletzte	Tote	Verletzte	Tote	Verletzte	Tote	Verletzte	Tote	Verletzte
Gesamt	**50**	**219**	**49**	**419**	**66**	**522**	**93**	**623**	**116**	**499**	**84**	**434**	**37**	**391**	**12**	**53**
Darunter																
Dunkelhäutige	1	33	3	38	2	32	0	38	2	23	2	49	1	26	0	4
Einheimische Zentralasiens	10	23	18	35	17	60	35	82	63	123	34	95	15	78	5	14
Einheimische des Kaukasus	15	38	12	52	15	72	27	64	27	76	12	58	4	42	6	3
Einheimische des Nahen Ostens und Nordafrikas	4	12	1	22	0	11	2	21	2	13	0	9	0	1	0	0
Einheimische Asiens	8	30	4	58	4	52	2	45	1	41	8	21	3	17	1	6
Andere Menschen „nicht-slavischen Aussehens“	2	22	3	72	4	69	20	90	11	56	14	53	6	99	0	4
Vertreter von jugendl. Subkulturen und der linken Jugend	0	4	3	121	3	119	5	195	4	87	5	92	3	63	0	14
Andere (einschließlich Russen) oder keine Infos	10	57	5	21	21	107	2	88	6	80	9	57	5	65	0	8

428 Daten des Informations-analytischen Zentrums «SOVA»: http://www.sova-center.ru/racism-xenophobia/publications/2011/04/d21371/ [letzter Zugriff am 23.11.2011].

4 Tritt der russische Rechtsextremismus aus seinem subkulturellen Schatten heraus?

Lange Zeit galt der Rechtsextremismus als Randphänomen. Seit den 1990er Jahren bewegt sich dieser nun tendenziell in die Mitte der Gesellschaft und Politik. Die Dezember-Randale im Jahre 2010 brachten ein Umdenken der russischen Justiz und eine Verschärfung der Verfolgung rechtsextremistischer Aktivitäten. Sie reagieren auf die immer zunehmende Aufladung der nationalistischen Stimmung in der russischen Gesellschaft, denn „seit Jahren arbeiten nationalistische Gruppen und kremlnahe Jugendorganisationen, wie *Naši* (dt. *Unsere*), *Molodaja Gvardija Parii Edinoj Rossii* (dt. *Junge Garde der Partei Einiges Russland*) und die Heimatschützer *Mestnye* (dt. *Die Ansässigen*) zusammen.“[429]

4.1 Die Forcierung eines „latenten Nationalismus“?

> Je mehr sich unsere Gesellschaft zusammenschließt, desto schneller werde Russland den ‚schwierigen Weg zur wahren Wiedergeburt des Landes‘ bewältigen.[430]

Wie bereits festgestellt wurde, entwickelte sich der Rechtsextremismus seit den 1990er Jahren auch im politischen Establishment. Aber auch die Ära Putin ist von einer fortwährenden Entwicklung des Rechtsextremismus in Russland geprägt. Hierfür gibt es natürlich auch diverse Katalysatoren, die die weitere Ausbreitung nationalistischen Gedankengutes in der Gesellschaft begünstigte. In diesem Kapitel sollen einige Katalysatoren der Politik Putins analysiert werden, die einen Einfluss auf den Verlust der russischen Bevölkerung gegenüber der in letzter Zeit immer häufiger angedeuteten verlorenen Immunität gegen Nationalismus und Fremdenfeindlichkeit haben. Dies lässt den Gedanken zu, dass bereits hier Elemente eines als Randphänomen angesiedelten Rechtsextremismus die breite Bevölkerung ergriffen hat. Boris Pustinzev, Vorsitzender der Petersburger Bürgerkontrolle, erklärte im Jahre 2005:

---

[429] Aka Berlin (2011d): Verbotsverfahren gegen die DPNI hat begonnen.
[430] Klussmann (2007), in: Spiegel Online (2007).

Unter Präsident Putin verfolge man offensichtlich eine Belebung faschistischer Werte und Ideen, nicht weil der ein Rassist sei, sondern weil er ein absoluter Populist sei [...] Für Jelzin seien rechte wie linke Extremisten politische Gegner gewesen, jeder Staatsbeamte, der sich öffentlich rassistische Äußerungen geleistet habe, sei fristlos entlassen worden. Das hätten alle gewusst und das hätte einen gewissen eindämmenden Einfluss auf rassistische Ressentiments gehabt, die es in Russland immer gegeben habe. Heute ist diese Zurückhaltung verschwunden. Unsere Machthaber bauen auf die Unterstützung jeder beliebigen Gruppe. Das hat zu einer starken Zunahme des Fremdenhasses in Russland geführt, wie auch des Rassismus und der Gewalttätigkeit.[431]

Der Beginn des Machtantritts Putins zeichnet sich durch die Änderung der Staatssymbolik aus: Hierbei ging es um eine Rückbesinnung und Versöhnung der Russen mit der vaterländischen Geschichte und man propagierte dabei den Rückgriff auf Elemente der sowjetischen Symbolik, ebenso der Änderung der Nationalhymne und des Staatswappens, der Staatsflagge und der Armeeflagge, was vor allem in einer Forcierung der Reform der Staatssymbolik ab Ende 2000 mündete.[432] Knapp ein Jahr später, nach der Verabschiedung des Gesetzespakets zur Änderung der Staatssymbolik, traten Maßnahmen zum Schutz und zur Popularisierung der Staatssymbolik zutage, die schwere Strafen für die Verunglimpfung der Staatssymbolik vorsah, welche die Unterzeichnung einer Anordnung zur Popularisierung der Staatssymbolik im Jahre 2001 nach sich zog.[433]

Das Ergebnis dieser Reform stand dem Beabsichtigten nahe: Die Reform der Staatssymbolik rief stärkere patriotische Gefühle hervor und manche verbanden diese mit nostalgischen Erinnerungen an den Großmachtmythos der Sowjetunion.[434] De Keghel interpretiert Putins Reform als einen „Wiederaufbau vertrauter Symbolwelten, die den Menschen Geborgenheit und Sicherheit vermitteln sollen"[435], ebenso, dass „Putin die Sowjetgeschichte explizit in die nationale Erinnerungspolitik integriert und die Konstruktion einer russländisch-sowjetischen ‚Mischidentität' betreibt"[436], deren „Grundelemente die epochenübergreifende Tradition eines erfolgreichen starken

431 Siegl (2005), in: Russlandanalysen, Nr. 75, S. 4.
432 Vgl. de Keghel (2003), in: Forschungsstelle Osteuropa, Arbeitspapiere und Materialien, Nr. 53 – Dezember 2003, S. 49.
433 Vgl. de Keghel (2003), in: Forschungsstelle Osteuropa, Arbeitspapiere und Materialien, Nr. 53 – Dezember 2003, S. 103.
434 Vgl. de Keghel (2003), in: Forschungsstelle Osteuropa, Arbeitspapiere und Materialien, Nr. 53 – Dezember 2003, S. 113.
435 Vgl. de Keghel (2003), in: Forschungsstelle Osteuropa, Arbeitspapiere und Materialien, Nr. 53 – Dezember 2003, S. 117.
436 Vgl. de Keghel (2003), in: Forschungsstelle Osteuropa, Arbeitspapiere und Materialien, Nr. 53 – Dezember 2003, S. 117.

Staates, der militärischen Sieghaftigkeit und der territorialen wie machtpolitischen Größe des Landes" [437] sind.

Ein Indikator für das rasante Anwachsen nicht nur des jugendlichen Rechtsextremismus ist somit sowohl in der Staatspolitik, als auch in der gesetzlichen Verfolgung von rechtsextremen Straftaten, welche öffentlich eher einen künstlichen Charakter hatte, zu suchen. Weitere Indikatoren sind die aufsteigende Xenophobie seit dem Kosovo-Krieg und der stark nationalistische Diskurs in der Öffentlichkeit während der Tschetschenienkriege sowie die Ereignisse vom 11. September 2011, die den Antiislamismus nach sich zogen. [438] Gerade die Politik El'cins während des Tschetschenienkrieges hatte immer wieder an den Patriotismus und das Nationalgefühl der Russen appelliert. Aber hierbei übertrug sich die Feindschaft nicht nur auf Tschetschenen oder Amerikaner, sondern wurde zum Objekt einer generalisierten Feindschaft gegen Migranten.[439]

Die Erziehung im Geiste einer patriotischen Gesinnung wurde in der Ära Putins weitergeführt und hatte starken Einfluss auf die Entwicklung rechtsextremer Orientierungen bei den Jugendlichen. Nach der Meinung Alexej Malašenkos, einem Mitarbeiter im Moskauer Büro der Carnegie-Stiftung, ist gerade die Forcierung von Patriotismus und Nationalismus in der Öffentlichkeit ein Indiz dafür, dass sich „nun diese Gefühle eine Ideologie suchen."[440] Auf dem *Dritten Allrussischen Kongress zum Schutz der Menschenrechte* im Jahre 2007 kam man zu einem alarmierenden Ergebnis: „Russland steht vor einer bedrohlichen Umwandlung in einen Staat faschistischen Typs."[441] Iwanova schlussfolgert hierbei:

> Die pseudopatriotische Rhetorik der Staatsgewalt in der Zeit des Wahlkampfes und der Zugriff politischer Parteien auf nationalistische Losungen bei ihrer Wahlpropaganda heizten die fremdenfeindliche Stimmung in der Gesellschaft an und provozierten solchen Erscheinungsformen des radikalen Nationalismus, wie Gewalt, Antisemitismus und Vandalismus.[442]

Die Schlussfolgerung daraus ist, dass der Staat zuweilen einen rhetorisch-radikalen Diskurs führt, der darin mündet, dass man innerhalb der Gesellschaft z. B. antigeorgi-

---

437 Vgl. de Keghel (2003), in: Forschungsstelle Osteuropa, Arbeitspapiere und Materialien, Nr. 53 – Dezember 2003, S. 117.

438 Vgl. Verchovskij (2010), in: Eurasian Review, Vol. 3/2010, S. 8f.

439 Vgl. Verchovskij (2010), in: Eurasian Review, Vol. 3/2010, S. 8.

440 Spielkamp (1998), in: Jungle World (1998), Nr. 34.

441 Iwanova (2008): Russland: "Gesunder Nationalismus" oder gewöhnlicher Faschismus?

442 Iwanova (2008): Russland: "Gesunder Nationalismus" oder gewöhnlicher Faschismus?

sche und antiestnische Kampagnen beobachtet, die einen nationalistischen und diskriminierenden Charakter annehmen (z. B. Schilder mit der Aufschrift: *Esten und Hunden Zutritt verboten*).[443] Ein weiteres Beispiel verdeutlicht, inwieweit die Forcierung des Nationalismus in der Politik fortgeschritten ist und zwar anhand eines Zitates eines Abgeordneten der Staatsduma, der Putins Bekenntnis, er sei ein „Nationalist im besten Sinne des Wortes“[444] wie folgt kommentiert:

> Die nationalen Interessen stehen über allem anderen, darin besteht das Wesen des Nationalismus. Wir brauchen einen pragmatischen, sinnvollen Nationalismus. Wir müssen alles lieben, das mit Krieg verbunden ist, und eine militarisierte Gesellschaft sein.[445]

Ein wichtiges Indiz, inwieweit die Idee *Russland den Russen* in die Gesellschaft reicht, ist anhand der Losung „Russland ist ein multiethnisches Land, aber die Russen, die die Mehrheit bilden, müssen mehr Rechte haben, denn sie tragen die Hauptverantwortung für das Schicksal des Landes“ am besten zu erkennen, da im Jahre 1998 20 % der Bevölkerung dem zusprachen und im Jahre 2007 bereits 31 %.[446] Der Idee „Russland für die russischen Volkszugehörigen“ stimmten 25 % der 16 bis 25-jährigen Russen zu.[447] Nationalistisch eingestellte Jugendliche sind vor allem in den Metropolen anzufinden (25 %) und darüber hinaus sind 23 % vor allem Angehörige wohlhabender Bevölkerungsgruppen.[448] Im Jahre 2009 begrüßten die Losung *Russland den Russen* bereits 54 % der Bürger im Alter von 24 bis 40-jährigen, darunter Arbeitslose, Arbeiter mit geringem Verdienst, mittlerer Schulbildung und Bürger Moskaus.[449] Der Aussage gemäß, dass es sich „bei dieser Losung um einen ‚echten Faschismus‘ handle, tätigten rund 32 Prozent – Frauen, Wissenschaftler, Beamte, Topverdiener, 40 bis 55 Jahre alte, gut ausgebildete, in Provinzstädten lebende Menschen.“[450]

Das Levada-Zentrum veröffentlichte im Jahre 2011 eine Statistik über die Einstellung russischer Menschen gegenüber der Losung *Russland – den Russen*, basierend auf Umfragewerte im Zeitraum von 1998 bis 2011:

---

443 Iwanova (2008): Russland: “Gesunder Nationalismus” oder gewöhnlicher Faschismus?
444 Iwanova (2008): Russland: “Gesunder Nationalismus” oder gewöhnlicher Faschismus?
445 Iwanova (2008): Russland: “Gesunder Nationalismus” oder gewöhnlicher Faschismus?
446 Vgl. Gorškov (2008), S. 52.
447 Vgl. Gorškov (2008), S. 52.
448 Vgl. Gorškov (2008), S. 52.
449 Vgl. Lutz-Auras (2011b), in: Endstation Rechts (2011).
450 Lutz-Auras (2011b), in: Endstation Rechts (2010).

Abbildung 7:

Was halten Sie von der Idee „Russland – den Russen“ (in %)?

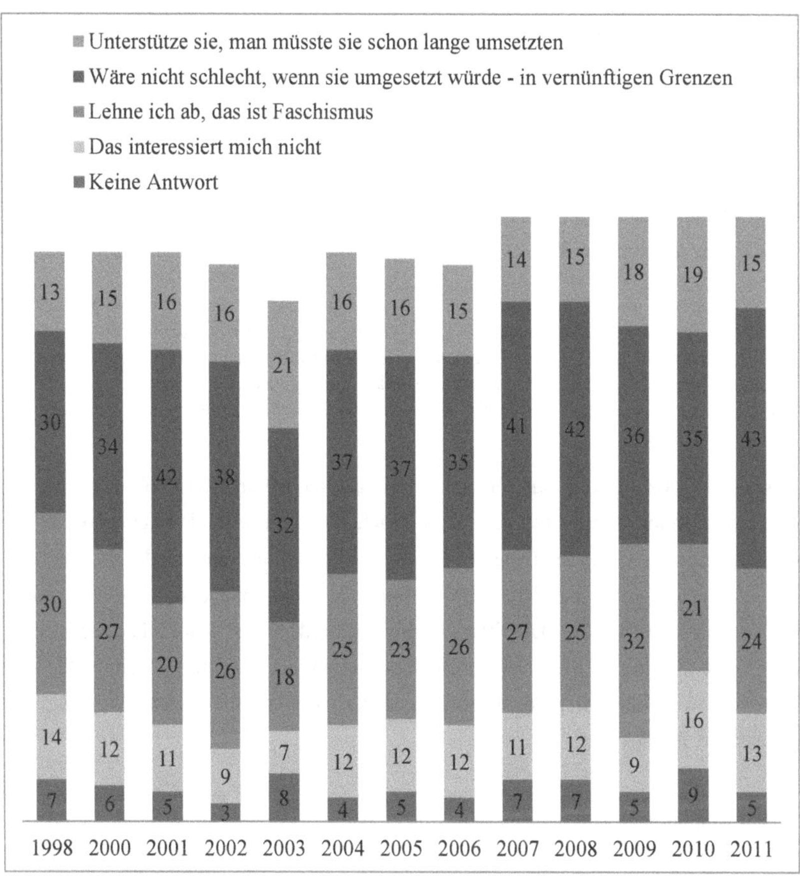

Datenquelle: Umfrage des Levada-Zentrums im Februar 2011[451].

[451] Umfrage des Levada-Zentrums im Februar 2011 unter http://www.levada.ru/press/2011020407.html [letzter Zugriff am 25.11.2011].

Die nationalistische Propaganda, die sich vor allem gegen die Migranten richtet, schafft in der Öffentlichkeit ein Feindbild, bei welchem „auch nicht-russische Einheimische aus dem Konstrukt eines rein russischen ‚Volkskörpers' ausgeschlossen"[452] werden und von Rechtsextremen aufgegriffen und darüber hinaus von den Medien unterstützt wird, die bei ihren Berichterstattungen die ethnische Zugehörigkeit besonders betonen und ein Bild des kriminellen Ausländers produzieren, das von der *Drogenmafia der Zigeuner* bis zum *tschetschenischen / muslimischen Terroristen* reicht.[453] Aber ohnehin formte sich der Eindruck, dass die russische Regierung und die Sicherheitsbehörden latent mit den rechtsextremen Gruppierungen sympathisieren. Nikolaj Petrov, vom Moskauer Carnegie-Center, schätzt die Situation wie folgt ein:

> Die Mentalität unserer Sicherheitskräfte ist so gestrickt, dass sie oft die Ansichten dieser rechten Bewegungen und Strömungen teilen, zumindest mit ihnen sympathisieren. Jedenfalls eher als mit den Linken. Sie stammen ja oft selber aus sozial verwandten Schichten wie die Rechten. Ein Anreiz Milizionär zu werden, kann gerade darin bestehen, ein wenig Gewalt über andere ausüben zu dürfen ebenso wie der Wunsch, wichtig zu sein und zu sich selbst zu finden.[454]

Dieser Einschätzung folgt auch Svetlana Gannuškina, Mitarbeiterin einer Menschenrechtsorganisation, und bestätigt, dass „Sicherheitskräfte und Rechtsradikale in Russland punktuell ein beinahe symbiotisches Verhältnis zueinander haben können." [455] Die offensichtliche Forcierung des Nationalismus stößt zudem allgegenwärtig auf Kritik: „Die Staatsmacht ist schuld! Sie ist schuld daran, dass man heute in Russland die Menschen nach ‚Russen' und ‚Nicht-Russen' einteilt"[456], so Timur Akiev, Mitarbeiter bei der Menschenrechtsorganisation *Memorial.* Darüber hinaus führt Iwanova an:

> Die pseudopatriotische Rhetorik der Staatsgewalt in der Zeit des Wahlkampfes und der Zugriff politischer Parteien auf nationalistische Losungen bei ihrer Wahlpropaganda heizten die fremdenfeindliche Stimmung in der Gesellschaft an und provozierten solche Erscheinungsformen des radikalen Nationalismus, wie Gewalt, Antisemitismus und Vandalismus.[457]

[452] O. A. (o. J.): Im Gedenken an Timur Katschawara.
[453] O. A. (o. J.): Im Gedenken an Timur Katschawara.
[454] Baag (2011): Im Fadenkreuz von Nationalisten und Terroristen. Russland im Wahljahr 2011.
[455] Baag (2011): Im Fadenkreuz von Nationalisten und Terroristen. Russland im Wahljahr 2011.
[456] Baag (2011): Im Fadenkreuz von Nationalisten und Terroristen. Russland im Wahljahr 2011.
[457] Iwanova (2008): Russland: „Gesunder Nationalismus" oder gewöhnlicher Faschismus?

Abbildung 8:

Bekämpft die russische Führung den extremen russischen Nationalismus – oder im Gegenteil, fördert sie ihn und begünstigt seine Verbreitung (in %)?

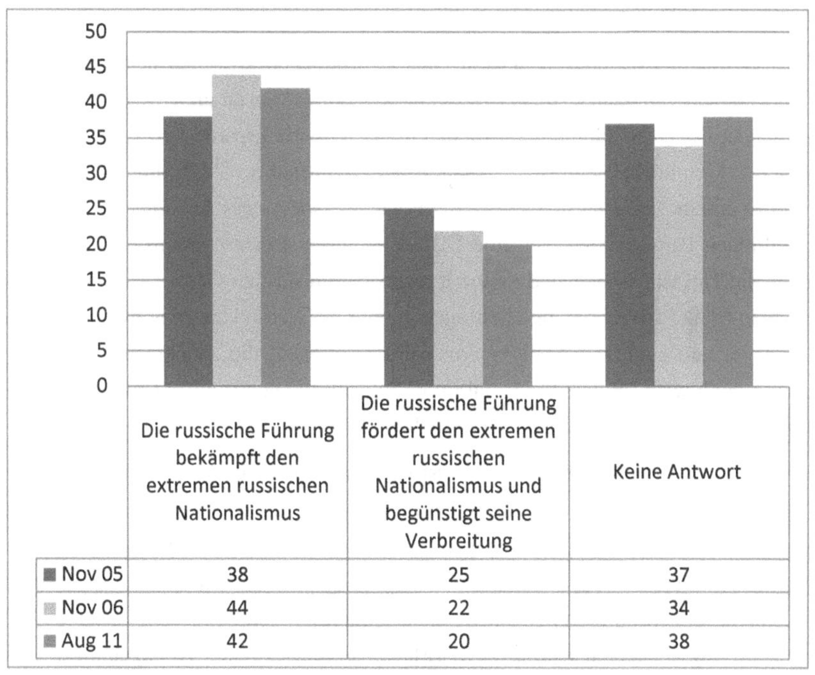

	Die russische Führung bekämpft den extremen russischen Nationalismus	Die russische Führung fördert den extremen russischen Nationalismus und begünstigt seine Verbreitung	Keine Antwort
Nov 05	38	25	37
Nov 06	44	22	34
Aug 11	42	20	38

Datenquelle: Umfrage des Levada-Zentrums im September 2011[458].

Auch Galina Gannuškina kritisiert die Situation: „Die Staatsführung mache mit diesen nationalistisch-rassistischen Umtrieben nicht entschieden und energisch genug Schluss. Ab und zu bandle sie sogar noch mit den Rechten an. So habe sich der Ministerpräsident nach dem Tod des Fußballfans fast schon demonstrativ mit dessen Freunde getroffen."[459] Des Weiteren appelliert Gannuškina offen:

[458] Umfrage des Levada-Zentrums im September 2011: http://www.levada.ru/26-09-2011/natsionalizm-v-rossii [letzter Zugriff am 22.11.2011].

[459] Baag (2011): Im Fadenkreuz von Nationalisten und Terroristen. Russland im Wahljahr 2011.

> Ich glaube, dass Russland nach dem Zerfall der Sowjetunion eine gute Chance gehabt hat, eine Föderation, ein echter, ernst zu nehmender Bundesstaat zu werden. Aber das Putin'sche Modell der staatlichen ‚Macht-Vertikale' hat all das abgewürgt und dabei alle demokratischen Institutionen zerstört. Deswegen geht es jetzt nicht nur um den Nordkaukasus, vielmehr muss gesagt werden, dass wir ein Imperium geblieben sind. Jedes Imperium zerfällt schließlich irgendwann.[460]

Darüber hinaus existiert seit langem eine Verwobenheit zwischen dem politischen Establishment und rechtsextremer Bewegungen: Somit kam an die Öffentlichkeit, das Mitglieder der DPNI führende Positionen in der Regierungspartei *Vereintes Russland* oder der kremltreuen Jugendorganisation *Naši* inne haben.[461] Obwohl es im Jahre 2006 zu einem *Antifaschistischen Pakt* zwischen *Einheitliches Russland* und anderen kremltreuen Parteien kam, der eine Distanzierung zu Rechtsextremisten besiegelte, bleibt die Tatsache bestehen, dass somit rechtsextremistisches Gedankengut bis in die obersten Ränge der Regierung eindringen konnte.[462] Ebenso kam es immer wieder zu Überfällen auf russische Nichtregierungsorganisationen, die zunehmend ins Visier geraten sind, wie z. B. auf Memorial in St. Petersburg, die nicht nur Opfer rechtsextremer Übergriffe ist, sondern auch staatlichen ‚Schikanierens'.[463]

Hintergrund hierbei ist vor allem die westliche Unterstützung zur Finanzierung dieser Organisationen, weil sie keine Hilfe vom russischen Staat bekommen und somit auch als Feindbild fungieren, da sie ‚gegen den Staat kämpfen'. Hierbei sieht man die fragwürdige Entwicklung der russischen Regierungspolitik: Statt Rechtsextremismus zu bekämpfen, schürt man öffentliche Diskriminierung von NGO's und setzt sie der Verstärkung der rechten Kräfte (z. B. Erlaubnis rechtsextremer Kundgebungen und Demonstrationen) entgegen. Dies führte dazu, dass immer mehr Personen des öffentlichen Lebens den rechtsextremen Jugendgruppen, u.a. neonazistischer Skinheadgruppen, zum Opfer fielen:

> Die Obrigkeit hat es zu weit kommen lassen. Erst nachdem viel Blut vergossen wurde, begann sich die Situation zu ändern. Als einfache Menschen starben, seien es Migranten oder unsere Aktivisten, fiel das nicht ins Gewicht. Es mussten öffentliche Persönlichkeiten sterben, damit die Polizei einige Neonazi-Gruppen aus dem Verkehr zog...[464]

---

460 Baag (2011): Im Fadenkreuz von Nationalisten und Terroristen. Russland im Wahljahr 2011.

461 Vgl. Groß (2009), in: Neues Deutschland (2009).

462 Vgl. Groß (2009), in: Neues Deutschland (2009).

463 In dem Falle eine juristisch durchgeführte Hausdurchsuchung aufgrund eines Artikels, welcher Rückschlüsse auf eine extremistische Tätigkeit nach Meinung der Justiz zugrunde lag.

464 Zitat nach Maxim. In: Schumatsky (2010), in: Deutschlandradio Kultur (2010).

Die Krawalle als eine Art soziale Protestaktion im Dezember 2010 zeigten, dass der Staat die nationalistische Welle im Land immer weniger kontrollieren vermag: „Die Versuche der Staatsmacht, einen lenkbaren oder manipulierbaren Typ des Nationalismus zu schaffen, sind gescheitert."[465]

Die oben angeführte Diskussion zeigt, dass Putins Politik der „öffentlichen Verdächtigungen, «überall sind Feinde, die große Stücke von unserem Territorium an sich reißen wollen» oder «äußere Feinde ermutigen innere Feinde»"[466], den Prozess zur Bildung eines ‚latenten Nationalismus' in der Bevölkerung beigetragen hat. Putin machte den Nationalismus ‚salon- und gesellschaftsfähig'. Hierfür spricht auch die Einführung des am 4. November stattfindenden *Tags der Nationalen Einheit* als Feiertag, der seit dem Jahre 2005 von Nationalisten und Rechtsextremen für den *Russischen Marsch* eingesetzt wird. Die Bedeutung des *Russischen Marsch* wurde von den Anhängern der kremlnahen Jugendorganisation *Naši* (Vgl. Kapitel 4.2) missbraucht. Hierbei ist Pain[467] der Ansicht, dass sich „heute der Nationalismus weder zähmen noch als Verbündeter der Staatmacht gewinnen lässt, da er primär auf Protestbestimmungen basiert. Auch benötigt er nicht mehr den Rückhalt der Behörden, deren Versuche, sich als ‚ihre Freunde' auszugeben, verfehlt sind."[468]

Weiterhin ist hier anzumerken, dass die „politische Führung den Nationalismus nicht mehr kontrollieren kann, sie kann ihn jedoch vorantreiben."[469] Diese Feststellung führt zu dem Fakt, dass der Staat sich jahrelang dem Nationalismus bedient hat und dabei selbst ins Fadenkreuz derer geraten ist. Lutz-Auras schlussfolgert aus ihren Überlegungen heraus, dass zwar in dem Großteil der russländischen Bevölkerung die Rechtsextremisten auf Ablehnung stoßen, sich jedoch gerade die Staatsmacht „auf jeder Feierlichkeit anlässlich des Sieges im Großen Vaterländischen Krieg von der kollektiven Leistung der sowjetischen und nun der russländischen Völkergemeinschaft spricht, sich der Großteil nach einer homogenen ‚russischen Nation' sehnt."[470]

---

465 Pain (2010), in: Russlandanalysen, Nr. 218, S. 2.

466 Pain (2010), in: Russlandanalysen, Nr. 218, S. 3.

467 Professor Emil Pain ist Generaldirektor des Zentrums für Ethnisch-Politische und Regionale Studien und Professor an der Russischen Staatlichen Universität – Higher School of Economics in Moskau.

468 Pain (2010), in: Russlandanalysen, Nr. 218, S. 4.

469 Pain (2010), in: Russlandanalysen, Nr. 218, S. 4.

470 Lutz-Auras (2011b), in: Endstation Rechts (2011).

Abbildung 9:

Welches sind heute die Hauptursachen von Nationalismus in Russland (in %)?

Jahr	**Juli 2002**	**Dezember 2004**	**November 2005**	**November 2006**	**Juli 2007**	**Januar 2011**	**August 2011**
Provozierende Handlungen, das Verhalten nationaler Minderheiten	25	20	22	30	30	37	44
Schlechte Lebensbedingungen in Russland	34	24	23	30	31	25	21
Terrorakte der letzten Jahre	-	32	33	16	-	-	15
Die Führung ist schwach und kann mit den Ausbrüchen des Nationalismus nicht umgehen	12	8	4	5	12	7	6
Nationale Vorurteile der russischen Bevölkerung	7	3	4	5	8	11	5
Die Führung schürt den Nationalismus	7	8	5	8	9	4	4
Andere	<1	<1	1	<1	<1	4	<1
Keine Antwort	15	4	8	5	10	12	4

Datenquelle: Umfrage des Levada-Zentrums im September 2011[471].

[471] Umfrage des Levada-Zentrums im September 2011 http://www.levada.ru/26-09-2011/natsionalizm-v-rossii [letzter Zugriff am 22.11.2011].

Obwohl sich die Bevölkerung von den rechtsextremistischen Gewalttaten distanziert, so sind Xenophobie und Rassismus in der Gesellschaft und staatlichen Institutionen fest verankert. Vladimir Malachov, vom Institut für Philosophie der Russischen Akademie der Wissenschaften, weist darauf hin,

> [...] dass ‚Fremdenfeindlichkeit' und ‚Rechtsradikalismus' im gesellschaftlichen Diskurs im Regelfall in Verbindung mit einer vielzitierten ‚ethnischen Balance' steht. Für den Anstieg rassistischer Äußerungen bis hin zu rassistischen Gewaltangriffen wird häufig der Bruch dieser wie auch immer definierten Balance verantwortlich gemacht. Somit wird der Eindruck vermittelt, die Verantwortung für rassistische Gewalt liege weniger bei der Mehrheitsgesellschaft als bei den Migrant_innen selbst.[472]

Neben einer parallelen Entwicklung zu anderen europäischen Ländern, die dem Erstarken rechtsextremer Kräfte gleichfalls unterlegen sind, unterscheidet sich Russland dennoch dadurch, dass der Staat jahrzehntelang diese Entwicklung im Land ignoriert hat und weiter, ihnen einen nahrhaften Boden geschaffen hat. Nach Umland gibt es einen Hauptunterschied zwischen dem russischen und dem westlichen Nationalismus:

> [...] Der intellektuelle und politische Mainstream der Staaten des heutigen Westens hat sich gewöhnlich mehr oder weniger deutlich von den jeweiligen – teilweise ebenso starken – ultranationalistischen Bewegungen distanziert. Obwohl sich auch der russische Mainstream mit der Verurteilung rassistischer Gewalt beeilt, bleibt sein Verhältnis zum Weltbild, das hinter diesen Taten steht, uneindeutig.[473]

Auch die neusten Entwicklungen, die mit dem *Russischen Marsch* vom 4. November 2011 in Moskau ‚präsentiert' werden, sind besorgniserregend. Hierbei war der diesjährige Marsch der größte seit Beginn seiner Veranstaltung und zählte 7.000 Teilnehmer. Darüber hinaus war es ein Marsch der Symbolik:

> Neben Ikonen und anderem religiösen Beiwerk dominierte auf dem Marsch die russische imperiale Flagge in allen Größen, mit einer Hakenkreuzfahne waren aber auch eindeutige NS-Symbole vertreten. Passend dazu skandierten die Marschierenden „Russland den Russen", „Macht für die Weißen" oder „Schluss mit der Fütterung des Kaukasus" und sangen antisemitische Spottlieder.[474]

Aber gerade dem *Russischen Marsch* kommt laut Weinmann eine neue Bedeutung zu, da er immer mehr zum einem Sammelbecken von kremlkritischen Nationalisten mutiert, welcher sich über die Metropolen hinaus in Regionen, wie z. B. Novosibirsk, etablieren kann. Der Marsch wurde von populistischen Slogans gegen die Moskauer

---

472 ReachOut (2011), S. 15.
473 Umland (2009): Der Aufstieg des russischen Nationalismus.
474 Weinmann (2011b), in: Jungle World (2011), Nr. 45.

Macht- und Finanzvertikale begleitet, um Anklang in der Bevölkerung finden.[475] Der *Russische Marsch* wurde hierbei zur größten Oppositionsveranstaltung in diesem Jahr, an dem auch immer mehr liberale Politiker teilnahmen, um sich so gegen eine „Partei der Diebe und Betrüger“ richten zu können.[476] Darüber hinaus zählten zu ihren Forderungen die Einstellung der finanziellen Unterstützung für Tschetschenien und Dagestan sowie die Zulassung nationalistischer Parteien zu den Wahlen.

Einmal mehr zeigte sich in diesen Tagen, dass der *Russische Marsch* trotz der Verbots- bzw. Eindämmungsversuche (‚Verbannung‘ in den Süden Moskaus) zur alljährlichen Protestveranstaltung wurde und sich zu ihrer immer mehr Teilnehmer gesellten. Zwar bilden hier die Mehrheit die Jugendlichen, aber das ist lediglich darauf zurückzuführen, dass sie eine geringere Hemmschwelle zum Neonazismus haben, als die Mehrheit der Bevölkerung. Es ist auch zu beobachten, dass sich die russische Regierung nicht eindeutig von ihrem nationalistischen Diskurs entfernt hat und somit weiterhin die nationalistischen Parolen unterfüttert.[477]

4.2 Rechtsextreme Elemente im jugendlichen Mainstream

Eine gewichtige Gefahr besteht in Russland nicht nur in einem Erstarken einer nationalsozialistischen Skinhead-Bewegung oder anderer rechtsextremer Gruppierungen und Organisationen, sondern auch in der Aneignung extremistischer Rhetorik seitens des jugendlichen Mainstreams. Die Basis hierfür bildet meist der *Ethnozentrismus*, der als Katalysator für die Entstehung von Fremdenfeindlichkeit und Rassismus fungiert. Den Ethnozentrismus kann man als „jene Weltanschauung, nach der die eigene Gruppe das Zentrum aller Dinge ist und alle anderen im Hinblick auf sie einstuft und bewertet werden“ [478], verstehen. Der Ursprung dieses Phänomens sieht Svejda-Hirsch in „Ethnien, Lebensgemeinschaften einer Volksgruppe oder Menschengruppen mit gemeinsamer Abstammung, Traditionen und Überlieferungen und als solches mit einem Wir-Bewusstsein, wobei zusätzliche Kriterien wie Sprache, Religion, verschiedene gemeinsame Bräuche aber auch gemeinsame Lebensformen und Werte-

475 Vgl. Weinmann (2011b), in: Jungle World (2011), Nr. 45.
476 Vgl. Weinmann (2011b), in: Jungle World (2011), Nr. 45.
477 Vgl. Heyden (2011), in: Telepolis (2011).
478 Svejda-Hirsch (2006), in: Zeitschrift Soziale Medizin (2006), Nr. 02, S. 17.

vorstellungen hinzukamen."[479] Die Basis des Ethnozentrismus bildet vor allem das propagierte *Wir-Gefühl.* Das *Wir-Gefühl* steht somit in Abgrenzung zum ,Fremdartigen' bzw. ,Andersartigem' und daraus folgt die Hauptgewichtung der eigenen Gruppe als ein notwendiges Element der „Selbstbehauptung innerhalb der soziokulturellen Wahrnehmung." [480] Als Resultat dieses Phänomens steht somit die Distanzierung und die Abgrenzung bzw. Abwertung der fremden Gruppen.[481] Der daraus resultierende Rassismus, der auf einer Differenz und Ausgrenzung des Andersartigen basiert, ist ein Element der Herrschaftssicherung und taucht in Zeiten verschärfter wirtschaftlicher Verteilungskämpfe auf.[482] Wichtig ist hierbei die Überlegung, dass „Fremdenfeindlichkeit an keine soziale Schicht"[483] gebunden ist und das sich darin „in Zeiten wirtschaftlicher Krisen das Selbstverständnis einer Gesellschaft so erschüttert sein kann, dass ein problemloser Übergang mit Fremden, ausgehend von einer souveränen Selbstgewissheit, kaum möglich ist."[484] Svejda-Hirsch sieht dies in einer Wahrnehmungsverschiebung, die aus einer Konkurrenzsituation entsteht und sich in der Verfestigung von Vorurteilen unter gleichzeitiger Stärkung der eigenen Identität offenbart.[485] Somit wird hier die Basis für die Sensibilisierung eines latenten Rassismus und Nationalismus, der prägendsten Elemente des Rechtsextremismus, gebildet.

Die Radikalisierung des Ethnozentrismus zeigt sich vermehrt in der Neigung zu Gewalt, Aggression, Nationalismus und Xenophobie bei den russischen Jugendlichen. Dass der Ethnozentrismus und die daraus resultierende Fremdenfeindlichkeit an keine sozialen Schichten und auch nicht an so genannte Subkulturen, wie z. B. rechtsextremistische bzw. nationalistische Jugendgruppierungen, gebunden ist, zeigt das folgende Beispiel der kremlnahen Jugendorganisation *Naši,* die in ihr Propaganda-Vokabular nationalistische Elemente aufgreift. *Naši* zeichnet sich in der Öffentlichkeit durch ihre ,antifaschistische' Gesinnung aus und diffamiert nicht nur die rechtsextremen Gruppen als ,faschistisch', sondern setzt diese ,Kampfvokabel' auch gegen sämtliche liberale oder kommunistische Gruppen ein.[486] Ihr Leitsatz besteht in

[479] Svejda-Hirsch (2006), in: Zeitschrift Soziale Medizin (2006), Nr. 02, S. 17.
[480] Svejda-Hirsch (2006), in: Zeitschrift Soziale Medizin (2006), Nr. 02, S. 17.
[481] Svejda-Hirsch (2006), in: Zeitschrift Soziale Medizin (2006), Nr. 02, S. 17.
[482] Vgl. Svejda-Hirsch (2006), in: Zeitschrift Soziale Medizin (2006), Nr. 02, S. 18.
[483] Vgl. Svejda-Hirsch (2006), in: Zeitschrift Soziale Medizin (2006), Nr. 02, S. 18.
[484] Svejda-Hirsch (2006), in: Zeitschrift Soziale Medizin (2006), Nr. 02, S. 18.
[485] Vgl. Svejda-Hirsch (2006), in: Zeitschrift Soziale Medizin (2006), Nr. 02, S.18.
[486] Siegert (2005), in: Politischer Jahresbericht. Länderbüro Russland, S. 8.

der Bekämpfung des ‚Faschismus'. Inkorrekt ist hierbei jedoch die Verwendung des Begriffs ‚Faschismus', der als ideologischer Code charakterisiert wird, mit welchem ein rechtsextremes bzw. rechtes Feindbild geschaffen wird. Dies hat zum Ergebnis, dass der Code unabhängig von der Ideologie agiert, die ihn hervorgebracht haben und wird damit von Personen aufgegriffen und reproduziert, die dieser Ideologie eigentlich fern stehen.[487] Bedenklich scheint also hier die Tatsache, dass im Jahre 2010 die Jugendorganisation *Naši* auf rechtsextreme Elemente zurückgreift, wie z. B. den *Russischen Marsch* gegen Gastarbeiter und Andersdenkende, der am 4. November 2010, dem russischen Feiertag der ‚Volkseinheit', in Moskau stattfand. Der *Russische Marsch* der Rechten ging hierbei mit Parolen wie *Es lebe Russland* und *Moskau den Moskauern* bzw. „die Gastarbeiter aus dem Kaukasus und Zentralasien – so genannte *Schwarzärsche* – sollen aus Moskau verschwinden"[488] einher. Die Jugendorganisation übernahm das Konzept der rechtsextremen Protestaktion und unter der „Parole ‚Russischer Marsch – die Ehre Russlands' zogen 20.000 *Naši*-Anhänger durch das Zentrum von Moskau."[489] Die Reaktion auf *den Russischen Marsch* der kremlnahen Jugendorganisation lautete wie folgt:

> Zur ‚Schande Russlands' gehören nach Meinung von Naschi auch Menschenrechtler wie Lew Ponormarjow – wegen ‚unerlaubter Demonstrationen – und die bekannte kremlkritische Journalistin Julia Latinina – wegen der angeblichen Unterstützung Georgiens im Krieg gegen Russland. Zum Ende des Marsches wurden die Porträts von Ponormarjow und Latinina zusammen mit den Bildern von Alkohol-Verkäufern und Kasino-Besitzern auf die Straße geworfen, worauf die jungen Demonstranten mit den Füßen symbolisch auf den Plakaten herumtrampelten.[490]

Dies ist ein Beispiel, dass rechtsextreme Elemente in die breite Gesellschaft und vor allem in den Mainstream der Jugendlichen getragen werden und ist durch eine Übernahme von subkulturellen Elementen geprägt, deren Doktrin vor allem in Nationalismus, Rassismus, Sexismus und Antisemitismus wurzeln. Auch die kremlnahe Jugendorganisation *Junge Garde* besinnt sich auf Stichworte rechtsextremistischen Gedankenguts und lässt bei ihren Kampagnen Parolen, wie z. B. *Unser Geld – für unsere Leute,* verlauten, welche die fremdenfeindliche Stimmung im Land weiter anheizt.[491] Die Kampagne wurde mit der Forderung eines Verbots der

---

[487] Auer (2002), in: Fröschl (2002), S. 293.
[488] Vgl. Heyden (2010b): Russische Märsche gegen Gastarbeiter und Andersdenkende.
[489] Heyden (2010b): Russische Märsche gegen Gastarbeiter und Andersdenkende.
[490] Heyden (2010b): Russische Märsche gegen Gastarbeiter und Andersdenkende.
[491] Vgl. Heyden (2010c), in: Antifaschistisches Infoblatt (2010).

Arbeitsmigration, der Ausweisung von Migranten und der Einführung von Straßenkontrollen begleitet.[492] Dies zeigt abermals, dass es sich bei der rechtsextremistischen Jugendkultur bei weitem um keinen Modetrend mehr handelt, da diese Einstellungen verschiedene Gesellschaftsschichten berührt. Hinzu kommen eine Militarisierung der Jugendlichen und die Übernahme von rechtsextremistischem Gedankengut in die breite Masse der Jugendlichen. Den Höhepunkt der rassistisch aufgeheizten Stimmung waren die Ereignisse vom 11. Dezember 2010 in Moskau, die eine Wende der rechtsextremen Lebenswelt offenbarte. Hierbei kam es zu einer ‚Eskalation' der sich ca. 5000 versammelten Ultranationalisten, Fußballfans, der Polizei und Migranten, was durch eine Tötung eines Fußballfans durch einen Zuwanderer aus dem Kaukasus ausgelöst wurde.[493]

Abbildung 10:

Wie schätzen Sie die Massenunruhen in Moskau vom 11. bis 18. Dezember 2010 ein (in %)?

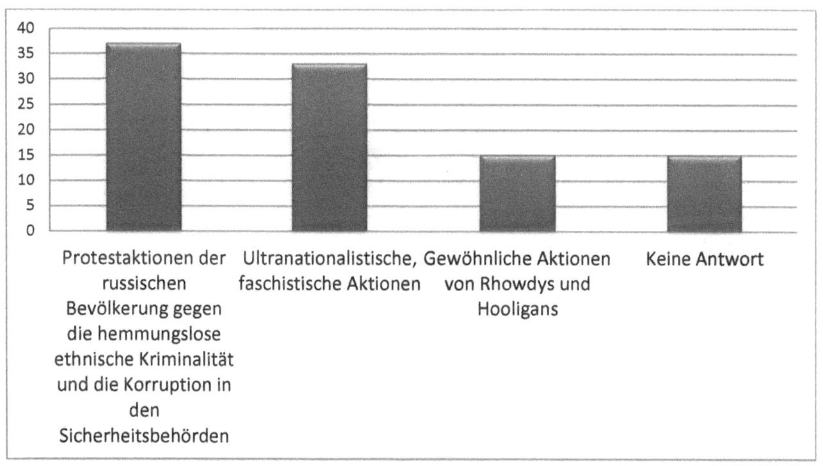

Datenquelle: Umfragen des Levada-Zentrums vom Dezember 2011[494].

[492] Sawina (2008), in: Deutsch-Russischer Austausch (2008), in: Newsletter Osteuropa, Dezember/ 2008, S. 3.

[493] Vgl. Pain (2011), in: Russlandanalysen, Nr. 218, S. 2.

[494] Umfragen des Levada-Zentrums vom Dezember 2011: http://www.levada.ru/ press/2010122901.html [letzter Zugriff am 22.11.2011].

Das zeigt, dass sich das Problem von Fremdenfeindlichkeit und Rassismus in Russland keineswegs beruhigt hat, sondern ein fester Bestandteil der Gesellschaft ist. Beobachter bewerten diese Ereignisse als Ausdruck eines ‚sozialen Protests', welcher sich in Russland schon lange ankündigte. Dieser Protest richtete sich zudem gegen die sozialen Probleme, die sie vor allem auf dem Rücken bestimmter ethnischer Gruppen abwälzen gesuchten. Forschungsinstitute schätzen die Zustimmung dieses Protests bei 25 bis 27 Prozent in der Bevölkerung.[495] Der Studie *Ethnische Intoleranz unter jungen Städtern* zufolge lässt sich folgendes Ergebnis bezüglich der Krawalle im Dezember 2010 in Moskau festhalten:

> 78 Prozent der Befragten bezeichneten die Krawalle nicht als eine nationalistische, sondern als eine Protestaktion gegen Korruption und ethnische Kriminalität (58 %). Laut 69 Prozent der Jugendlichen sind die Gründe des Konflikts auf die Korruption, vor allem in den Rechtsschutzorganen, zurückzuführen. 70 Prozent von ihnen sehen es als typisch an, dass Polizisten Kriminelle gegen Geld oder auf Anweisung von oben freilassen.[496]

Abbildung 11:

Wie stehen Sie zu solchen Aktionen (in %)?

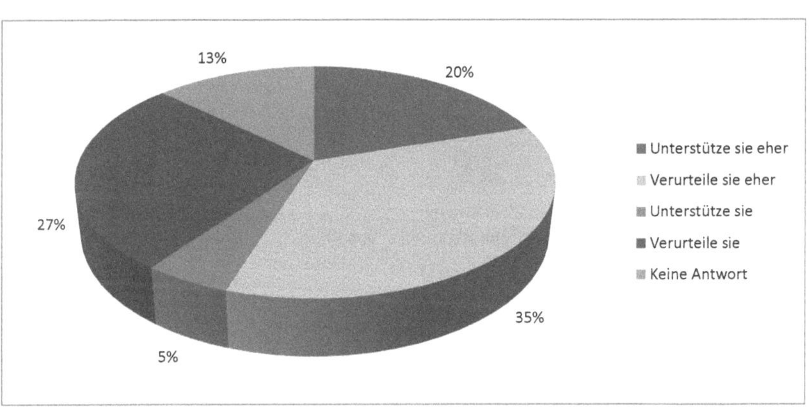

Datenquelle: Umfragen des Levada-Zentrums vom Dezember 2010[497].

---

[495] Vgl. Pain (2011), in: Russlandanalysen, Nr. 218, S. 2.

[496] Ria Novosti (2011): Junge Russen: Explodierender Hass gegen Kaukasier und Beamte – „Kommersant".

[497] Umfragen des Levada-Zentrums vom Dezember 2010 unter http://www.levada.ru/press/2010122901.html [letzter Zugriff am 22.11.2011].

Die aufgeführten Beispiele demonstrieren das hohe Bewegungspotential der rechtsextremen Jugendlichen und offenbaren darüber hinaus das ebenso hohe Mobilisierungspotential innerhalb der russischen Jugend. Ihnen ist es in den letzten zwei Jahrzehnten gelungen, sich als politische Kraft zu entwickeln, welche in der Lage ist, „die politische Öffentlichkeit in die Defensive zu drängen und zu Reaktionen zu zwingen."[498] Immer mehr Jugendliche sympathisieren mit diesem Umfeld, da die rechtsextremen Jugendlichen sich ihren Gegebenheiten angleichen. Sie verbinden somit „eine historisch-symbolisch hochverdichtete, provokationskompetente Mixtur aus NS-Symbolik, Elementen der neueren Jugendkulturen und moderner Kommunikationsmitteln."[499]

Zwar wurden diese Proteste von Ultranationalisten organisiert, dennoch bleiben diesen die Jugendlichen des Mainstreams nicht fern. In der Öffentlichkeit propagieren sie die sozialen Befindlichkeiten der Bevölkerung und der Jugend, so dass sich viele Jugendliche den Demonstrationen anschließen, ohne jedoch Mitglied in einer Organisation oder Gruppierung zu sein bzw. verstehen sie sich meistens als ‚Patrioten' denn als ‚Nationalisten'. Viele Jugendliche sehen in den Demonstrationen rechtsextremer Aktivisten eine Möglichkeit, ihrem Unmut Ausdruck zu verleihen. Nach der Studie *Ethnische Intoleranz unter jungen Städtern,* welche sich auf Befragungen von Jugendlichen im Alter von 15 bis 30 Jahren stützt, zeigt sich diese Tendenz deutlich in der Ablehnung der kremlnahen Organisationen seitens der Jugendlichen, welche sich aus einem Hass gegenüber den Beamten schöpft.[500]

Folglich ist hier anzumerken, dass der Staat in den letzten zwei Jahrzehnten einen ‚latenten Nationalismus' propagiert hat, ohne sich so richtig der Folgen bewusst zu sein. Seine latente Unterstützung rechtsextremer Organisationen und Parteien und das Dulden der stets anwachsenden Nazi-Skinheadszene sowie die anfänglich nur schwache Verfolgung als rechtsextremistisch motiviert eingestufter Straftaten begünstigten ebenfalls eine Verbreitung der nationalistischen Stimmung im Land. Dennoch ist auch hier nicht die allgemeine Renaissance des Rechtsextremismus aus den Augen zu verlieren. In jedem europäischen Land gibt es eine rechtsextremistische Jugendkultur und eine rechtsextremistische Parteienlandschaft, die sich auch in ausgeprägt demokratischen Ländern herausgebildet hat und deren Radikalität nicht weniger bedeutsam ist.

---

[498] Jaschke (1994), S. 126.
[499] Jaschke (1994), S. 126.
[500] Ria Novosti (2011): Junge Russen: Explodierender Hass gegen Kaukasier und Beamte – „Kommersant".

5 Resümee und Ausblick

5.1 Resümee

Der Nationalismus ist das stärkste ideologische Element des russischen Rechtsextremismus. Die Herausbildung des russischen Nationalismus geht vor allem auf das 19. Jahrhundert zurück, und die Suche nach Identität und Originalität der russischen Kultur und des Volkes bestimmte das Denken der russischen Intelligencija. Die Denktradition der Slavophilen und Eurasier erlebte ebenfalls Anfang der 1990er Jahre, nach dem Zerfall der Sowjetunion, eine Renaissance und begünstigte auch das Denken der russischen Rechten.

Die Probleme der Transformation führten nicht nur zu einer wirtschaftlichen, politischen, sozialen und kulturellen Krise, sondern auch zu einem Schock, der tief in die Gesellschaftsschichten reichte. Vor allem waren die 1990er Jahre eine Orientierungsphase, die von starken Unruhen in der Bevölkerung und politischen Diskursen über die Identität der russischen Nation, aber auch von der Formierung eines neuen demokratischen Nationalstaats geprägt wurde. Eine Begleiterscheinung des russischen Modernisierungsprozesses war die Anfälligkeit der Gesellschaft für rechtsextremistische Parolen und die Mobilisierung durch rechte Kräfte.

Bereits im Jahre 1995 äußerte sich der damalige Präsident El'cin alarmiert über die Entwicklung faschistischer Ideologien und Organisationen und über die Abnahme der russischen Identität dem Faschismus gegenüber. Eine Grundlage für den gegenwärtigen Rechtsextremismus entwickelte sich aus den nationalistischen Positionen innerhalb der russischen Intelligencija, aber auch durch die russische Politik in den 1990er Jahren. Persönlichkeiten wie Limonov, Žirinovskij und Dugin beeinflussten das politische Denken, während sich auf den Straßen Russlands eine aktive rechtsextreme Jugendkultur formierte. Der politische Diskurs und das Anwachsen der rechtsextremen Jugendkultur entwickelten sich hierbei parallel.

Im Zuge des Staatsstreiches im Jahre 1993 und des verhängten Ausnahmezustands brach ein beispielloser Polizeiterror mit dem Charakter einer ethnischen Säuberung aus, der den Skinheadgruppen Anschauungsunterricht in Sachen Rassismus, Gewalt und Verletzungen der Menschenrechte gab. Der Tschetschenienkrieg begünstigte ebenso im hohem Maße die Entwicklung der russischen Skinheadszene, wie die ihn begleitende, vor allem auf Regierungsebene durchgeführte Großmacht-, Pro-Reichs und Nationalismus-Propaganda, die den russischen Jugendlichen ein Vorbild für die Nicht-Existenz von Nationalitäten- und Rassengleichheit und darüber hinaus die strafrechtliche Milde bei Gewalt gegenüber Personen mit nicht-slavischen Aussehen gab. Ein weiterer Katalysator wurden die gesellschaftsspezifischen Umbrüche, die mit einer Wirtschaftskrise und dem Zerfall des Bildungssystems einhergingen. Während der politische nationalistische Diskurs überschaubar blieb, entwickelten sich die rechtsextremen Jugendkulturen rasch zu einer unkontrollierbaren Bewegung, die von Rassismus, Antisemitismus, Fremdenfeindlichkeit und Gewalt geprägt war.

Russlands rechtsextremistische Jugendkulturszene konnte sich aus den Enttäuschungen der 1990er Jahre heraus entwickeln, die seit dem Jahre 2000 durch einen verstärkten staatlich propagierten Patriotismus unterfüttert wurden. Dies hatte zur Folge, dass sich rechtsextreme ideologische Elemente bis in die Mitte der Gesellschaft entwickeln konnten. Der rechtsextreme Protest zeigt Katalysatoren, wie z. B. die soziale Ungleichheit, die Armutsentwicklung, die Anomie und den Widerspruch zwischen einer gesellschaftlichen Tendenz der Ethnisierung sozialer Beziehungen, welche sich auch in der Aktivierung von Sündenbockmechanismen zeigt. So ist das Feindbild des Kaukasiers ein im 19. Jahrhundert erschaffenes literarisches und politisches Konstrukt, das während der 1990er Jahre reaktualisiert wurde.

Ein Grundgerüst des jugendlichen Rechtsextremismus bildet zudem das Problem der inneren ethnischen Beziehungen, die sich in den Feindbildern der Kaukasier und der Einwohner Zentralasiens entladen. Der Trend der steigenden Intoleranz ist aber vor allem kein jugendspezifisches Problem, sondern eher ein gesellschaftliches. Dies zeigt sich vor allem in der Haltung bzw. Ablehnung gegenüber Mitgliedern der nationalen Minderheiten und illegalen Einwanderern bis hin zu einem hohen Niveau der Diskriminierung und Stigmatisierung von Minderheiten, die langfristig eine gesellschaftliche Instabilität nach sich ziehen kann.

Bei der rechtsextremistischen Jugendkultur handelt es sich bei weitem um keinen Modetrend mehr, da diese Einstellungen verschiedene Gesellschaftsschichten berührt. Vor allem die politischen Diskurse der kremlnahen Jugendorganisationen und der rechtsextremistischen Jugendszene sind mehr als bedenklich. Ebenso liegt vermehrt eine Gefahr in der durch den Staat vermittelten Denkbilder: Zum einen möchte der Staat als Sittenwächter die Jugendkulturen regulieren und zum anderen provoziert er durch die patriotische Erziehung und die Forcierung des Nationalismus Ausschreitungen seitens der Jugendlichen. Fakt ist, dass durch die ideologische

Vereinnahmung der Jugend ein Erstarken des Nationalismus provoziert wurde, der besonders durch die rechtsextremen Jugendkulturen aufgegriffen wurde. Die Jugend zeigt eine Neigung zu Gewalt, Aggression, Nationalismus und Xenophobie, die derzeitig die Losung der jugendlichen Auslebung bestimmen.

Vor allem ist das Jahr 2011 ein Jahr der Wende in der Entwicklung der rechtsextremen bzw. ultrarechten Bewegung. Durch die schärfere Verfolgung der rechtsextremistischen Aktivitäten durch die Justiz wurde die Szene vorerst eingedämmt. Ob das langfristig Bestand haben wird, ist wohl zu bezweifeln. Die rechtsextreme Szene ist in einem Zustand der Reorganisation und agiert gegenwärtig vor allem im Untergrund, was sie nunmehr schwer kontrollierbar macht. Hierbei wird eher der Effekt des Agierens am Rande der Gesetzmäßigkeit gefördert. Der Aufruf der ‚Führer' an ihre Anhänger, sich autonom zu verhalten und spontane Überfälle zu ‚organisieren', macht die Szene unberechenbar.

Die rechtsextreme Szene gleicht sich aber auch ihren politischen und sozialen Gegebenheiten an: Die Zerschlagung großer Bewegungen, wie z. B. der *Bewegung gegen illegale Immigranten* (DPNI) oder der *Slavischen Union* (SS), die in den letzten Jahren in der organisierten rechten Szene ‚Zugpferde' für öffentliche Aktionen waren, stellt zwar zunächst ein Erfolg für die russische Justiz dar, dennoch findet sich in den Reihen der Rechtsextremen genügend ‚Nachwuchs', um diese Lücken zu füllen. Dabei muss auch beachtet werden, dass die meisten Nazi-Skinheads, von denen die Gewaltwelle ausging, weitestgehend unorganisiert und eher strukturlos sind und sich kaum rechtsextremen Organisationen anschlossen bzw. weitestgehend autonom und anonym agierten. Ein weiteres Problem für das Aufspüren rechtsextremer Organisationen ist ihre Fähigkeit, als soziale Bewegungen aufzutreten und unter dem Deckmantel des gesellschaftlichen Wohls zu agieren. Hier ist das neue Phänomen der *Autonomen Nationalisten* zu erwähnen, die sich Elementen linker Kultur bedient. Dies zeigt das Potential zur Unterwanderung anderer informeller bzw. alternativer Jugendkulturen.

Auch wenn das Potential rechtsextremer Organisationen und Gruppierungen, in der Bevölkerung Anklang zu finden, eher marginal ist, so geht eine viel größere Gefahr von Einzeltätern aus, die eine Radikalisierung mit Tendenz zum Rechtsterrorismus aufweisen. In Russland ist bereits der Staat mit seinen Institutionen und seiner Infrastruktur ins Visier der Rechtsextremen geraten. Es ist offensichtlich, dass die

Regierung im Moment durch ein Verbot nur die Symptome des Rechtsextremismus bekämpft, ohne dessen Ursachen zu analysieren.

Der Rechtsterrorismus zeigt eine neue Gestalt der Rechtsextremen, ihrer Ideologie Nachdruck zu verleihen, und ist eine neue Stufe der ‚Gewaltanwendung'. Das Problem des Rechtsextremismus ist kein Phänomen vor allem der Großstädte, sondern ins Visier geraten immer mehr die ländlichen Regionen, die eine neue Welle der rechtsextremen Szene provozieren könnten. Dies resultiert auch daher, dass sich immer mehr Rechtsextreme aus der Stadt zurückziehen und in den ländlichen Regionen neue Rekrutierungsmöglichkeiten der Jugend vorfinden. Gerade die Jugend in strukturschwachen Regionen leidet darunter, unzureichende Möglichkeiten der Selbstverwirklichung vorzufinden.

Es ist offensichtlich, dass Xenophobie und Nationalismus kein Produkt rechtsextremer Gesinnung sind, sondern als feste Bestandteile in der Gesellschaft existieren und somit verschiedene Gesellschaftsschichten berühren. Vor allem die übersteigerte Patriotismus-Politik war Katalysator für die Forcierung eines ‚latenten Nationalismus' in der russischen Gesellschaft, der seinen Höhepunkt als Ausdruck eines ‚sozialen Protests' im Dezember 2010 hatte.

5.2 Ausblick

Das Jahr 2011 veränderte die rechtsextreme Szene in Russland. Die strengere Verfolgung hassmotivierter und rassistisch konnotierter Straftaten, das Aufdecken rechtsextremistischer Vereinigungen und der Versuch der Zerschlagung der rechten Organisationsstrukturen durch die staatlichen Behörden zeigen nicht nur eine längst überfällige Reaktion auf die bis zu den Dezember-Krawallen im Jahre 2010 aufgeheizten nationalistisch gesinnte Stimmung im Land, sondern offenbarte nachhaltig das strengere juristische Eingreifen für eine mögliche Eindämmung der rechten Szene. Dennoch sollte man nicht mit voreiligem Applaudieren reagieren. Denn die Szene ist dadurch nicht überschaubarer und kontrollierbarer geworden – ganz im Gegenteil. Russlands rechtsextremistische Szene agiert im Untergrund weiter und schließt an das an, was wir in anderen westeuropäischen Staaten bereits beobachten. Es treten vor allem zwei offensichtliche Änderungen zutage: Zum einen entwickelt sich auch in Russland das Phänomen der Autonomen Nationalisten, die sich mit ihren öffentlichen Parolen salon- und gesellschaftsfähig machen, und des Weiteren vernimmt man eine Radikalisierung der Szene zum Rechtsterrorismus hin, welche anscheinend die allmähliche Schwächung des Staates durch die Taktik der kleinen Nadelstriche im Visier hat.

Der diesjährige *Russische Marsch* hat erstmals die Beschreibung eines sozialen Protests in der Öffentlichkeit erhalten und war seit seiner erstmaligen Organisation im Jahre 2005 der zahlenmäßig stärkste. Kann man somit von einer Eindämmung sprechen? Sicherlich nicht. Unter den Teilnehmern befanden sich nicht nur Nazi-Skinheads, Neonazis oder orthodoxe Nationalisten, sondern erstmals trat der *Russische Marsch* als Sammelbecken einer Opposition auf und vereinte zudem liberale Gruppen und kremlkritische Nationalisten sowie enttäuschte Bürger aus jeder Gesellschaftsschicht in seinen Reihen. Hier zeigt sich doch das enorme Mobilisierungspotential der russischen Rechten, nicht nur innerhalb der Jugend.

Aber wie sollte man den Nationalismus eindämmen, wenn selbst die kremltreue Jugendorganisation *Naši* zum alljährlichen *Russischen Marsch* unter dem Motto *Die Ehre Russlands* aufruft, unter welchem sie ein Volksfest veranstaltet und somit einen nationalistischen Protest für ihre Zwecke kopiert? Oder die ebenfalls kremlnahe Jugendorganisation *Molodaja Gvardija* Kampagnen mit Parolen wie *Unser Geld – für unsere Leute* organisiert? Der alte, voraussichtlich neue Präsident Vladimir Putin vor den anstehenden Präsidentschaftswahlen von einer neuen eurasischen Union als Pol im internationalen Umfeld spricht? Oder erste Politikwissenschaftler infolge von Putins erneutem Machtantritt auf ein „drittes autoritäres Experiment“[501] Russlands aufmerksam machen?

Die Tatsache, dass der Rechtsextremismus in der Gesellschaft wurzelt, der sich bei sozialer Ungleichheit entwickelt und durch Modernisierungsprozesse begünstigt wird, ist unstrittig. Dennoch sollte die Regierung darum bemüht sein, die rechtsextremen Strömungen einzudämmen und nicht zu forcieren. Inwieweit eine nötige Modernisierung der Gesellschaft und der Wirtschaft mit Putins Visionen einer Großmacht Russland vereinbar ist, wird wohl die nächste Ära Putins zeigen. Aber dieser Weg kann wohl nicht der Aufbau eines autoritären Staates unter dem Deckmantel der Demokratie sein. Der Blick in die Mitte der Gesellschaft ist unverzichtbar, ebenso wie eine Abkehr von der Forcierung des Nationalismus in der politischen Debatte. Es müssen nachhaltige gesellschaftliche und wirtschaftliche Reformen durchgeführt werden, die den Bürgern nicht nur eine außenpolitische, sondern auch eine existentielle Sicherheit geben. Denn Umfragen bestätigen, dass Losungen wie *Russland den Russen* von der unteren Mittelschicht, vor allem Arbeitslose und Geringverdiener mit mittlerer Schulbildung, unterstützt werden.

Des Weiteren bewies auch der diesjährige *Russische Marsch*, dass deren Teilnehmer nicht nur aus dem rechten Spektrum sind. Die Tatsache, dass diese Märsche sich in ‚soziale Proteste‘ umwandeln, bei denen es um mehr geht als die Propagierung rechter Einstellungen, sollte die Regierung veranlassen, genauer hinzuschauen. Für ein zufriedenstellendes soziales Befinden sind Reformen auf dem Arbeitsmarkt, im Bildungssystem und bei den Reallöhnen notwendig. Viele Jugendliche klagen die schlechte Lage ihres Landes an, kritisieren die starke Korruption in der Wirtschaft und bei den Institutionen, sehnen sich nach Chancengleichheit und Selbstverwirklichung. Neben der Korruption kritisieren sie den Aufstieg der Oligarchen, die wachsende politische Instabilität, die sie oft mit der Verwilderung der Demokratie vergleichen. Wichtig wäre zudem, dass man in Russland versucht, den Vertrauensverlust und die Politikverdrossenheit gegenüber dem politischen System, den russischen Politikern und den Institutionen zu überbrücken.

[501] Vgl. Umland (2011), in: The European (2011).

Auch die Überwindung von Fremdenfeindlichkeit und Nationalismus in der Gesellschaft, die durch die ‚Willkür' der russischen Behörden und staatlichen Institutionen weiter instrumentalisiert wurde, stellt ein wichtiges Element dar. Im Hinblick auf die Fußballweltmeisterschaft im Jahre 2018 wird die Gewährleistung der Sicherheit ausländischer Besucher unumgänglich sein. Dabei muss die Regierung den genannten Problemen offen entgegentreten. Obwohl Medvedev diese Elemente unlängst als eine Gefahr der Instabilität des politischen Systems charakterisiert hat, ist ihre Eindämmung nur durch politische und juristische Tatkraft möglich. Inwieweit sich der angestrebte politische Kurs mit einer Reformierung der gesellschaftlichen und wirtschaftlichen Bedingungen für die Stabilität der russischen Gesellschaft vereinbaren lässt, wird man erst mit Putins erneutem Machtantritt bewerten können.

6. Quellenverzeichnis

Agranovič, Mark; Feteeva, Anna; Koroljeva, Natalja; Poletaev, Andrej; Seliverstova, Irina; Sundijev, Igor (Hrsg.) (2005): Jugendentwicklung in Russland. Ein Analysebericht, Moskau: UNESCO und GTZ. URL: http://www.coe.int/t/dg4/youth/Source/Resources/Forum21/issue_n5-6/n5-6_russia_de.pdf [letzter Zugriff am 11.05.2007].

Aka Berlin (2011a): Prozess im Markelov Baburova Mord. Artikel vom 13.04.2011. URL: http://de.indymedia.org/2011/04/304641.shtml?print=on [letzter Zugriff am 14.10.2011].

Aka Berlin (2011b): Russische Nazi-Organisation DPNI endgültig verboten. Artikel vom 10.08.2011. URL: http://linksunten.indymedia.org/de/node/44942 [letzter Zugriff am 12.10.2011].

Aka Berlin (2011c): Slavjanskij Sojuz endgültig verboten. Artikel vom 15.02.2011. URL: http://linksunten.indymedia.org/node/33955 letzter [Zugriff am 11.10.2011].

Aka Berlin (2011d): Verbotsverfahren gegen die DPNI hat begonnen. Artikel vom 12.04.2011 http://linksunten.indymedia.org/de/node/37501 [letzter Zugriff am 12.10.2011].

Alexeeva, Elena; Gutnik, Irina; Piskunova, Elena (2007): Soziale Probleme Jugendlicher im heutigen Russland. In: Schubarth, Wilfried; Seidel, Andreas; Speck, Karsten (Hrsg.) (2007): Soziale Probleme von Jugendlichen in Deutschland, Polen und Russland. Alltagsleben und Perspektiven. Potsdam: Universitätsverla. URL: http://opus.kobv.de/uph/volltexte/2007/1486/pdf/schubarth_etal_2007.pdf [letzter Zugriff am 11.07.2009].

Andrejewna; Golubkowa; Nowikowa (1994): Jugendliche Subkultur. Normen und Wertesystem. In: Schlott, Wolfgang (1994): Die enterbte Generation. Russische Jugend nach der Perestroika. Leipzig: Reclam Verlag.

Atkinson, Graeme (2007): Internationale Kampagne zur Unterstützung russischer Antifaschisten. In: Neue Rheinische Zeitung. Online-Flyer Nr. 113 vom 19.09.2007. URL: http://www.agrexive.de/cms/upload/pdf/Russland/Graeme_Article.pdf [letzter Zugriff am 02.06.2009].

Auer, Katrin (2002): „Political Correctness“ – Ideologischer Code, Feindbild und Stigmawort der Rechten. In: Fröschl, Erich (2002): Österreichische Zeitschrift für Politikwissenschaft. ÖZP, 31 (2002) 3. Schwerpunktthema „Rechtspopulismus und Rechtsradikalismus in Europa“, Seite 291 – 303. URL: http://www.renner-institut.at/download/texte/auer.pdf [letzter Zugriff am 07.02.2011].

Baacke, Dieter (1999): Jugend und Jugendsubkulturen. Darstellung und Deutung. Jugendforschung. Weinheim und München: Juventa Verlag.

Baag, Robert (2011): Im Fadenkreuz von Nationalisten und Terroristen. Russland im Wahljahr 2011. Artikel vom 06.03.2011. URL: http://www.dradio.de/dlf/sendungen/hintergrundpolitik/1403537/ [letzter Zugriff am 25.09.2011].

Backes, Uwe (1989): Politischer Extremismus in demokratischen Verfassungsstaaten. Elemente einer normativen Rahmentheorie. Opladen: VS Verlag für Sozialwissenschaften.

Backes, Uwe; Jesse, Eckhard (1993): Politischer Extremismus in der Bundesrepublik Deutschland. Bonn: Propyläen. 1. Auflage.

Bauer, Werner T.(2011): Rechtsextreme und rechtspopulistische Parteien in Europa. Österreichische Gesellschaft für Politikberatung und Politikentwicklung – ÖGFP. Wien 2011. URL: http://www.politikberatung.or.at/typo3/fileadmin/02_Studien/6_europa/Rechte_Parteien.pdf [letzter Zugriff am 31.08.2011].

Bayer, József (2002): Rechtspopulismus und Rechtsextremismus in Osteuropa. Österreichische Zeitschrift für Politikwissenschaft. ÖZP 31/2002. Seite 265 – 280.

Beichelt, Timm; Minkenberg, Michael (2002): Rechtsradikalismus in Transformationsgesellschaften. Entstehungsmodell und Erklärungsmodell. Osteuropa 52. Jhg., Nr. 3 / 2002. URL: http://www.kuwi.europa-uni.de/de/lehrstuhl/vs/politik3/Dokumente/publikationen/beicheltminkenberg2002rechtsradikalismus.pdf [letzter Zugriff am 26.06.2011].

Berseneva, Anastasija (2011): Mudrecov zapišut v ekstremisty. Obščestvennaja palata prosit priznat‘ ekstremistkoj knigu „Protokoly sionskich mudrecov“ (Берсенева, Анастасия (2011): Мудрецов запишут в экстремисты. Общественная палата просит признать экстремисткой книгу «Протоколы сионских мудрецов»). URL: http://www.gazeta.ru/social/2011/05/13/361677.shtml [letzter Zugriff am 26.05.2011].

Beyme von, Klaus (1996): Rechtsextremismus in Osteuropa. In: Falter, Jürgen W.; Jaschke, Hans-Gerd; Winkler, Jürgen R. (Hrsg.): Rechtsextremismus. Ergebnisse und Perspektiven der Forschung. Opladen: Westdeutscher Verlag, Seite 423 – 441.

Bundeszentrale für politische Bildung (2006): Militarismus. In: Schubert, Klaus/Martina Klein: Das Politiklexikon. 4., aktual. Aufl. Bonn: Dietz 2006. URL: http://www.bpb.de/popup/popup_lemmata.html?guid=YEINYU [Zugriff am 20.07.2011].

Butterwegge, Christoph; Meier, Lüder (2002a): Rechtsextremismus. Freiberg im Breisgau: Verlag Herder, Seite 9 – 25.

Butterwegge, Christoph (2002b): Rechtsextremismus und Jugendgewalt-Erklärungsmodelle in der Diskussion. Zur Kritik an schwammigen Begrifflichkeiten und einflussreichen Erklärungsansätzen. URL: http://www.christophbutterwegge.de/texte/Rechte%20Jugendgewalt.pdf [letzter Zugriff am 31.08.2011].

Dafflon, Denis (2009): Youth in Russia – The Portrait of a Generation in Transition. Bern: Swiss Academy for Development. URL: http://www.sad.ch/images/stories/Publikationen/sad-youth-in-russia.pdf [letzter Zugriff am 02.09.2011].

De Keghel, Isabelle (2003): Die Staatssymbolik des neuen Russland im Wandel. Vom antisowjetischen Impetus zur russländisch-sowjetischen Mischidentität. Arbeitspapiere und Materialien, Nr. 53 / Dezember 2003. Bremen: Forschungsstelle Osteuropa.

Department für Jugendpolitik des Ministeriums für Bildung der Russischen Föderation (Hrsg.) (2001): Konzeption der staatlichen Jugendpolitik der Russischen Föderation. Moskau: Wissenschaftliches Forschungsinstitut der Moskauer Akademie für Geisteswissenschaften und Soziales. URL: http://www.awo.org/pub/kinder/erz_hilfen/JugendhilfeRussland/caarticle_file_download/elem2/01KONZ.PDF [letzter Zugriff am 11.05.2007].

Deutsch-Russischer Austausch (2008): Erscheinungsformen radikalen Nationalismus. Vandalismus. In: Blickpunkt Demokratie und Extremismus. Newsletter Osteuropa August / 2008. Berlin: ZDK Gesellschaft Kultur gGmbH.

Deutsch-Russischer Austausch (2009): Statistik über die Zugehörigkeit von Jugendlichen zu verschiedenen extremistischen Vereinigungen wurde im Moskauer Gebiet durch die Polizei erhoben. In: Blickpunkt Demokratie und Extremismus. Newsletter Osteuropa, Juli / 2009. Berlin: ZDK Gesellschaft Kultur gGmbH.

Dyden.de (2007): Der Mainstream. Artikel vom 08.06.2007. URL: http://www.dyden.de/definition/Mainstream [letzter Zugriff am 20.10.2011].

Eichwede, Wolfgang (1994): Der Schirinowski-Effekt. Wohin treibt Russland? Reinbek: Rowohlt Taschenbuch Verlag.

El-Nawab, Susanne (2001): Die Welt der Skinheads. Ein Bericht zur Feldforschung über Ästhetisierung von Gewalt in einer jugendlichen Subkultur. In: Apsel, Roland (Hrsg.) (2001): Ethnopsychoanalyse. 6. Forschen, erzählen und reflektieren. Frankfurt am Main: Brandes & Apsel Verlag GmbH, Seite 96 – 115.

Encyclopaedia metallum (2011): Kolovrat. In: Encyclopaedia metallum: Kolovrat. URL: http://www.metal-archives.com/bands/Kolovrat/26515 [letzter Zugriff am 26.09.2011].

European Forum on Antisemitsm (2008): Arbeitsdefinition Antisemitismus. URL: http://www.europeanforumonantisemitism.org/workingdefinitionofantisemitism/deutschgerman/ [letzter Zugriff am 18.07.2011].

Europe Online (2011): Die Glut des Hasses. Russlands Neonazis im Aufwind. Artikel vom 22.05.2011. URL: http://www.europeonline-magazine.eu/glut-des-hasses-russlands-neonazis-im-aufwind_130570.html [letzter Zugriff am 25.09.2011].

Ferchhoff, Wilfried (1990): Jugendkulturen im 20. Jahrhundert. Von den sozialmilieuspezifischen Jugendsubkulturen u den individualitätsbezogenen Jugendkulturen. Frankfurt am Main: Verlag Peter Lang GmbH.

Golova, Tatjana (2009): „Sei ein Weißer“ – Musik der rechtsradikalen Jugendszene in Russland. In: Kultura (2009): Faschismusbilder in der zeitgenössischen russischen Kultur. Russland-Kulturanalysen Nr. 4 /2009. Bremen: Forschungsstelle Osteuropa.

Gorškov, Michail K. (2008): Soziologische Dimensionen der russischen Identität. Soziologisches Institut der Russischen Akademie der Wissenschaften. Berlin: Friedrich-Ebert-Stiftung in der Russischen Föderation.

Groß, Lisa (2009): Neonazis im Land der Rotarmisten. Russland unterstützt kaum Initiativen gegen den erstarkenden Rechtsextremismus. In: Neues Deutschland, 21.02.2009. URL: http://www.ag-friedensforschung.de/regionen/Russland/neofascho2.html [letzter Zugriff am 13.09.2011].

Günther, Alexander (2007): Der russische Nationalbolschewismus und seine Medien. In: Readers Edition. Artikel vom 15.06.2007. URL: http://www.readers-online.de/2007/06/15/der-russische-nationalbolschewismus-und-seine-medien.html [letzter Zugriff am 26.08.2009].

Guščin V.A; Bugakov, I.S., Lustberg, A.E., Čerenenčuk, I.S., Malinovskaja, S.V. (Hrsg.) (2008): Neformal'nye molodežnye soobščestva Sankt-Peterburga: teorija, praktika, metodyprofilaktiki ekstremizma. Sankt-Peterburg: Komitet po molodežnoj politike i vzaimodejstviju s obščestvennymi organizacijami Sankt-Peterburga. (Гущин В.А.; Бугаков, Л.С., Лустберг, А.Е., Черененчук, И.С., Малиновская, С.В. (авторы) (2008): Неформальные молодежные сообщества Санкт-Петербурга: теория, практика, методыпрофилактики экстремизма. Санкт-Петербург: Комитет по молодежной политике и взаимодействию с общественными организациями Санкт-Петербурга).

Hafeneger, Benno; Becker, Reiner (2007): Rechte Jugendcliquen. Zwischen Unauffälligkeit und Provokation. Eine empirische Studie. Schwalbach: Wochenschau Verlag, Seite 9 – 39.

Hagedorn, Jörg (2008): Jugendkulturen als Fluchtlinien. Zwischen Gestaltung von Welt und der Sorge um das gegenwärtige Selbst. Wiesbaden: VS Verlag für Sozialwissenschaften | GWV Fachverlage GmbH.

Hankel, Natalja (2011): Rechtsextremer Osten? Zur Lage in Russland, der Ukraine und Polen. Marburg: Tectum Verlag.

Heyden, Ulrich (2005): Braune Suppe im Untergrund. Artikel vom 28.09.2005. URL: http://www.n-ost.de/cms/index.php?option=com_content&task=view&id=501&Itemid=605 [letzter Zugriff am 29.08.2011].

Heyden, Ulrich (2010a): Rückfall ins Mittelalter. Russische Neonazis sehen sich in der Tradition heidnischer Männerbunde. In: Moskauer Zeitung vom 02.05.2010. URL: http://www.mdz-moskau.eu/print.php?date=1272821370 [letzter Zugriff am 25.09.2011].

Heyden, Ulrich (2010b): Russische Märsche gegen Gastarbeiter und Andersdenkende. Artikel vom 08.11.2010. URL: http://www.heise.de/tp/artikel/33/33627/1.html [letzter Zugriff am 11.05.2011].

Heyden, Ulrich (2010c): Russische Neonazis wollen „nationale Revolution". In: Antifaschistisches Infoblatt (AIB), Artikel vom 14.05.2010. URL: http://ago.immerda.ch/index.php/news/110-antifa/2268-russische-neonazis-wollen-nationale-revolution [letzter Zugriff am 25.09.2011].

Heyden, Ulrich (2011): „Russischer Marsch" droht mit arabischen Verhältnissen. In: Telepolis: Artikel vom 05.11.2011. URL: http://www.heise.de/tp/artikel/35/35825/1.html [letzter Zugriff am 15.11.2011].

Höllwerth, Alexander (2007): Das sakrale eurasische Imperium des Aleksandr Dugin. Eine Diskursanalyse zum postsowjetischen russischen Rechtsextremismus. Stuttgart: Ibidem-Verlag.

Hro.org (2011): Futbol'nymi bolel'shchikam zapretili skandirovat' rasistskie rechevki[sic!]. In: Prava čeloveka v Rossii. Artikel vom 12.09.2011. URL: http://www.hro.org./node/11815 [letzter Zugriff am 25.09.2011].

Iwanova, Galina (2008): Russland: „Gesunder Nationalismus" oder gewöhnlicher Faschismus? URL: http://www.igfm.de/Russland-Gesunder-Nationalismus-oder-gewoehnlicher-Faschismus.1304.0.html [letzter Zugriff am 07.02.2011].

Ivanov, Leonid J. (1996): Rußland nach Gorbatschow. Wurzeln – Hintergründe – Trends der sich formierenden Gruppierungen. Perspektiven für die Zukunft. Passau: Wissenschaftsverlag Rothe.

Jaschke, Hans-Gerd (1994): Rechtsextremismus und Fremdenfeindlichkeit. Begriffe, Positionen, Praxisfelder. Opladen: Westdeutscher Verlag.

Jaschke, Hans-Gerd (2006): Politischer Extremismus. Lehrbuch. Elemente der Politik. Wiesbaden: VS Verlag für Sozialwissenschaften.

Jones, Prudence; Pennick, Nigel (2008): Heidnisches Europa. Geschichte, Kult und Wiederbelebung. Uhlstädt-Kirchhasel: Arun-Verlag, 3. Ausgabe.

Judina, Natalija; Al'perovič, Vera (2011): Gromkie processy i ul'trapravye novoobrazovanija (Юдина, Наталия; Альперович, Вера (2011): Громкие процессы и ультраправые новообразования). URL: http://www.sova-center.ru/racism-xenophobia/publications/2011/06/d21974 [letzter Zugriff am 09.09.2011].

Klitsche-Sowitzki, Ulrike (2011): Eurasismus und „Neoeurasismus" in Russland. Historischer Abriss und Funktionsanalyse des Raumkonzeptes Eurasien. In: Lehmann-Carli, Gabriela; Drosihn, Yvonne; Klitsche-Sowitzki, Ulrike (2011): Russland zwischen Ost und West? Gratwanderungen nationaler Identität. Berlin: Frank & Timme Verlag für wissenschaftliche Literatur, Seite 81 – 160.

Klussmann, Uwe (2007): Putins gefährliches Vermächtnis. Rede zur Lage der Nation. In: Spiegel Online. Artikel vom 27.04.2007. URL: http://www.spiegel.de/politik/ausland/0,1518,druck-479725,00.html [letzter Zugriff am 23.07.2008].

Kozlov, Aleksej (2006): Ul'trapravnye tendencii v futbol'nych fanatskich gruppirovkach v Rossii. In: Verchovskij, Aleksandr (2006): Russkij nacionalizm. Ideologija i nastroenie. Moskva: Informacionno-analitičeskij centr „SOVA". (Козлов, Алексей: Ультраправные тенденции в футбольных фанатских группировках в России. In: Верховский, Александр: Русский национализм. Идеология и настроение. Москва: Информационно-аналитический центр «СОВА»).

Krug, Wilhelm Traugott (1838): Allgemeines Handwörterbuch der philosophischen Wissenschaften nebst ihrer Literatur und Geschichte. Nach dem heutigen Standpuncte der Wissenschaft bearb. und hrsg., 2. verbesserte u. vermehrte Aufl., Bd. 5 als Supplement. Erste Abtheilung, Leipzig.

Kulick, Holger; Staud, Toralf (Hrsg.) (2009): Das Buch gegen Nazis. Rechtsextremismus – Was man wissen muss, und wie man sich wehren kann. Köln: Verlag Kiepenhauer & Witsch.

Kurka, Rainer (2000): Der Missbrauch der Esoterik, der nordischen Mythologie und der Runen im III. Reich. URL: http://www.muz-online.de/antialien/gegennazis.html [letzter Zugriff am 04.10.2011].

Laqueur, Walter (1993): Der Schoß ist fruchtbar noch. Der militante Nationalismus der russischen Rechten. München: Kindler Verlag.

Lauenburg, Frank (2006): Skinheads und die Gesellschaftliche Rechte. Marburg: Tectum Verlag.

Lutz-Auras, Ludmila (2010): Arisch, russisch, wortgewandt – die Ideengeber der „national-patriotischen Kräfte". In: Endstation Rechts. Artikel vom 30.12.2010. URL: http://www.endstation-rechts.de/index.php?option=com_k2&view=item&id=5724:arisch-russisch-wortgewandt-%E2%80%93-die-ideengeber-der-%E2%80%9Enational-patriotischen-kr%C3%A4fte%E2%80%9C&Itemid=829 [letzter Zugriff am 21.06.2011].

Lutz-Auras, Ludmila (2011a): „Heil Führer – Es lebe Russland". In: Endstation Rechts. Artikel vom 01.01.2011. URL: http://www.endstation-rechts.de/index.php?option=com_k2&view=item&id=5727:%E2%80%9Eheil-f%C3%BChrer-%E2%80%93-es-lebe-russland%E2%80%9C&Itemid=829 [letzter Zugriff am 21.06.2011].

Lutz-Auras, Ludmila (2011b): Rechtsextremismus in Russland – Was tun? In: Endstation Rechts. Artikel vom 01.01.2011. URL: http://www.endstation-rechts.de/index.php?option=com_k2&view=item&id=5728:rechtsextremismus-in-russland-%E2%80%93-was-tun?&Itemid=840 [letzter Zugriff am 18.10.2011].

Maegerle, Anton (2007): Die Armee der weißen Rasse. Neonazis und andere Rechtsextremisten in Osteuropa. Artikel vom 07.09.2007. URL: http://www.bpb.de/themen/22I31T,0,Die_Armee_der_wei%DFen_Rasse.html [letzter Zugriff am 11.10.2011].

Mathyl, Markus (2000): Hammer und Sichel in der Fahne Hitlers. Das Entstehen einer nationalistischen Gegenkultur im Post-Perestrojka-Russland. In: Roth, R.; Rucht, D. (2000): Jugendkulturen, Politik und Protest. Vom Widerstand zum Kommerz? Opladen: Leske und Budrich, Seite 211 – 233.

Meiners, Ole (2001): Jugendkult Skinhead – „Böse Buben" zwischen Arbeiterklasse und Neofaschisten? Eine Geschichte der Skinhead-Bewegung. Unveröffentlichte Magisterarbeit. Hamburg / Berlin. URL: http://www.olemeiners.de/web/Kiosk/Eintrage/2001/6/5_Eintrag_1_files/Oi!_The History.pdf [letzter Zugriff am 14.09.2011].

MF-Zine (o. J.): Kolovrat (Rußland). URL: http://www.mf-zine.de/html/kolovrat.html [letzter Zugriff am 26.09.2011].

Netz-gegen-Nazis.de (2008): Kolovrat. Eintrag vom 02.04.2008. URL: http://www.netz-gegen-nazis.de/lexikontext/kolovrat [letzter Zugriff am 26.09.2011].

Nikiforow, Sergej (2009): Chronik des Neonazis Borowikow. In: Deutsch-Russischer Austausch: Blickpunkt Demokratie und Extremismus. Newsletter Osteuropa, Februar / 2009. Berlin: ZDK Gesellschaft Demokratische Kultur gGmbH.

NS-WP: Website NS-WP. URL: http://ns-wp.ws [letzter Zugriff am 26.09.2011].

Ohne Angabe des Verfassers (o. J.): Im Gedenken an Timur Katschawara. URL: http://home.pages.at/mueller77/info-ger.html [letzter Zugriff am 30.08.2011].

Ohne Angabe des Verfassers (2010): Interview mit Kolovrat (Russland): URL: http://members.fortunecity.com/nsturnverein/Hauptseite/2_Ausgabe/1_Mahnfeuer/Inti_Carpe-Diem/JN_Veranstaltung/hauptteil_inti_kolovrat.html [letzter Zugriff am 22.09.2011].

OireSzene (2011): Neonazis in Subkulturen und antifaschistische Interventionen. Vom 10.April 2011. In: Antifaschistische Aktionen und Veranstaltungen zu Grauz, Internationales, Subkultur und Widerstand und Nazistrategien. Artikel vom 10.April 2011. URL: http://oireszene.blogsport.de/2011/04/10/neonazis-in-subkulturen-und-antifaschistische-interventionen [letzter Zugriff am 22.09.2011].

Omeltschenko, Jelena (2005): Russische Jugendszenen. Kultur statt Politik? In: Kultura: Städtische Jugendkulturen und Wertewandel in Russland. Kultura Ausgabe November 2/2005. Bremen: Forschungsstelle Osteuropa. URL: http://www.kultura-rus.de/kultura_dokumente/ausgaben/deutsch/kultura-2005-02.pdf [letzter Zugriff am 26.06.2009].

Pain, Emil (2011): Die Ereignisse in Moskau vom 11. Dezember 2010. Der ethnische Ausdruck der politischen Krise. In: Russland-Analysen Nr. 218 vom 08.04.2011. Bremen: Forschungsstelle Osteuropa.

ReachOut – Opferberatung und Bildung gegen Rechtsextremismus, Rassismus und Antisemitismus (Hrsg.) (2011): Hate Crime in Russland. Berlin: ARIBA e.V. und Stiftung „Erinnerung, Verantwortung und Zukunft".

Reinecke, Julia (2007): Street-Art. Eine Subkultur zwischen Kunst und Kommerz. 1. Auflage. Bielefeld: Verlag Transcript.

Ria Novosti (2011): Junge Russen: Explodierender Hass gegen Kaukasier und Beamte – „Kommersant". In: Ria Novosti: Artikel vom 21.04.2011. URL: http://de.rian.ru/society/20110421/258903593.html [letzter Zugriff am 07.09.2011].

Roth, Roland; Rucht, Dieter (2000): Jugendkulturen, Politik und Protest. Vom Widerstand zum Kommerz? Opladen: Leske und Budrich.

Russkij Obraz (2008): http://rus-obraz.net/ [Zugriff am 14.10.2011].

Salazar (2000): Azbuka slavjanskich britogolovych. [Fibel slawischer Kahlgeschorener]. Moskva 2000, Seite 3ff. In: Lutz-Auras, Ludmila (2010): „Rettung der Nation“ unter dem Deckmantel rechtsextremer Parteien. In: Endstation Rechts. Artikel vom 28.12.2010. URL: http://www.endstation-rechts.de/index.php?option=com_k2&view=item&id=5715:%E2%80%9Erettung-der-nation%E2%80%9C-unter-dem-deckmantel-rechtsextremer-parteien&Itemid=829 [letzter Zugriff am 21.06.2011].

Sawina, Ekaterina (2008): Ungeduld und Arbeit. In: Deutsch-Russischer Austausch: Monatsbilanz Dezember 2008. Blickpunkt Demokratie und Extremismus. Newsletter Osteuropa Dezember / 2008. Berlin: ZDK Gesellschaft Demokratische Kultur gGmbH.

Schneider, Eberhard (1995): Rechtsextremismus in Rußland. Bericht des BIOst Nr. 53/1995. URL: http://www.ssoar.info/fileadmin/php/download.php?url=/ssoar/files/swp/berichte/BER95_53.pdf [letzter Zugriff am 26.05.2011].

Schroeder, Friedrich-Christian (2007): Die russischen Strafvorschriften gegen Extremismus. In: Russland-Analysen Nr. 149 vom 16.11.2007.Bremen: Forschungsstelle Osteuropa.

Schubert, Klaus; Klein, Martina (2006): Das Politlexikon. 4., aktual. Auflage. Bonn: Dietz 2006. In: URL: http://www.bpb.de/popup/popup_lemmata.html?guid=M7LG1W [letzter Zugriff am 12.08.2009].

Schumatsky, Boris (2010): Rechts ist das staatliche Auge blind. Russland und die Neonazis. In: Deutschlandradio Kultur. Artikel vom 04.10.2010. URL: http://www.dradio.de/kultur/sendungen/weltzeit/1284558 [letzter Zugriff am 26.08.2011].

Schweidlenka, Roman (2008): Esoterik und Rechtsextremismus. In: Arbeitskreis „Politische Bildung“ (Hrsg.) (2008): Antifa-Info. Themennummer rechte Esoterik. Nr. 144, 26. Jahrgang – Nr. 6/2008. Linz: Institut für angewandte Entwicklungspolitik.

Schweizer, Daniel (1998): Skin or Die. Regisseur: Schweizer, Daniel. Studio: Sunny Bastards Films. Produktionsjahr: 1998. Erscheinungsdatum: 25.11.2005. Format: DVD. Länge: 57 Minuten.

Schweizer, Daniel (2005): Skinhead Attitude. Regisseur: Schweizer, Daniel. Studio: Sunny Bastards Films. Produktionsjahr: 2003. Erscheinungsdatum: 07.02.2005. Format: DVD. Länge 89 Minuten.

Schweizer, Daniel (2008): White Terror. Regisseur: Schweizer, Daniel. Studio: Sunny Bastards Films. Produktionsjahr: 2005. Erscheinungsdatum: 25.04.2008. Format: DVD. Länge: 192 Minuten.

Sellmeier, Dirk (2006): Die Psychologie des Rechtsextremismus und ihr Transfer auf ausgesuchte wissenschaftliche Studien. In: Kloninger, Herbert (Hrsg.) (2006): Rechtsextremismus als Gesellschaftsphänomen. Jugendhintergrund und Psychologie. Brühl/ Rheinland: Schriftenreihe des Fachbereichs Öffentliche Sicherheit, Seite 11 – 75.

Siegl, Elfie (2005): Fremdenfeindlichkeit und Rassenhass in Russland. In: Russlandanalysen Nr. 75 / 2005. Bremen: Forschungsstelle Osteuropa.

Siegert, Jens (2006): Jugendorganisationen – ein Querschnittsportrait. In: Politischer Jahresbericht. Länderbüro Russland. Heinrich-Böll-Stiftung 2005/2006. URL: http://www.boell.de/downloads/internationalepolitik/Pol_Jb_Russland_2005_2006.pdf [letzter Zugriff am 22.08.2009].

Sokolskaja, Anna (2001): Heidentum im heutigen Russland. In: Moskauer Deutsche Zeitung vom 21.01.2001. URL: http://www.mdz-moskau.eu/print.php?date=1006335952 [letzter Zugriff am 05.10.2011].

Spielkamp, Matthias (1998): Die Fehler der Skinheads. In: Jungle World, Nr. 34. Artikel vom 12.08.1998. URL: http://jungle-world.com/artikel/1998/33/34680.html [letzter Zugriff am 26.08.2011].

Stadler, Wolfgang (1997): Macht – Sprache – Gewalt. Rechtspopulistische Sprache am Beispiel V. V. Žirinovskijs vor dem Hintergrund der Wandlungen politischer Sprache in Russland. Innsbruck: Verlag des Instituts für Sprachwissenschaft der Leopold-Franzens-Universität Innsbruck, Seite 59 – 72.

Stahl-Schwaetzer, Henrieke (2002): Renaissance des Rosenkreuzertums: Initiation in Andrej Belyjs Romanen Serebrjanyj golub‘ und Peterburg. Frankfurt am Main: Peter Lang Verlag.

Stangl.eu (2008): Subkultur. In: Pädagogik-News. URL: http://paedagogiknews.stangl.eu/125/subkultur [letzter Zugriff am 12.08.2009].

Sundermeyer, Olaf (2010): „Wir russische Hooligans sind rechtsradikal“. In: Endstation Rechts. Artikel vom 29.12.2010. URL: http://www.endstation-rechts.de/index.php?option=com_k2&view=item&id=5723:%E2%80%9Ewir-russische-hooligans-sind-rechtsradikal%E2%80%9C&Itemid=829 [letzter Zugriff am 21.06.2011].

Svejda-Hirsch, Lenka (2006): Ethnozentrismus – die Mutter des Rassismus. In: Zeitschrift Soziale Medizin, Nr. 02/2006. Basel, Seite 17 – 19. URL:

http://www.transkulturellepsychiatrie.at/pdf/SM-Ethnozentrismus%20Svejda2-06.pdf [letzter Zugriff am 20.10.2011].

Tarasov, Aleksandr (2002): Učebniki dlja skinchedov. Velikaja Otečestvennaja, prepodannaja kak zanudstvo (Тарасов, Александр: Учебники для скинхедов. Великая Отечественная, преподанная как занудство) URL: http://scepsis.ru/library/id_549.html [letzter Zugriff am 21.06.2011].

Tarasov, Aleksandr (2003a): Ekstremisty po vysovu (Тарасов, Александр: Экстрмисты по вызову). URL: http://scepsis.ru/library/id_116.html [letzter Zugriff am 21.06.2011].

Tarasov, Aleksandr (2003b): Die Skinhead-Bewegung in Russland und soziale, wirtschaftliche und kulturelle Gründe ihres Aufschwungs. In: Fremdenfeindlichkeit bekämpfen und Demokratiefähigkeit stärken. Dokumentation zum internationalen Kolloquium (05.-07.Dezember 2002 in Berlin) /Hrsg. Von der Universität Bielefeld. Institut für interdisziplinäre Konflikt- und Gewaltforschung, Seite 66 – 76. Online unter URL: http://scepsis.ru/de/articles/id_7.php [letzter Zugriff am 21.06.2011].

Tarasov, Aleksandr (2004): Naci-Skiny v sovremennoj Rossii. Doklad dlja Moskovskogo bjuro po pravam čeloveka (Тарасов, Александр: Наци-Скины в современной России. Доклад для Московского бюро по правам человека) URL: http://scepsis.ru/library/id_605.html [letzter Zugriff am 21.06.2011].

Trepper, Hartmute (2009): Faschismus mit und ohne Anführungszeichen. In: Kultura (2009): Faschismusbilder in der zeitgenössischen russischen Kultur. Russland-Kulturanalysen Nr. 4 /2009. Bremen: Forschungsstelle Osteuropa.

Umland, Andreas (2004): Der russische Rechtsextremismus nach den Wahlen 2003-2004. In: Russlandanalysen, Nr. 23 vom 22.04.2004.URL: http://www.laender-analysen.de/russland/pdf/Russlandanalysen023.pdf [letzter Zugriff am 25.08.2011].

Umland, Andreas (2006a): Postsowjetische Gegeneliten und ihr wachsender Einfluss auf Jugendkultur und Intellektuellendiskurs in Russland: Der Fall Aleksandr Dugin (1990-2004). In: Bürgel, Tanja (2006): Generationen in den Umbrüchen postkommunistischer Gesellschaften. SFB-580-Mitteilungen, Seite 22 – 36. URL: http://www.sfb580.uni-jena.de/typo3/uploads/tx_publicationlist/HomepageA5PDF-Dokumente.pdf [letzter Zugriff am 31.08.2011].

Umland, Andreas (2006b): Intellektueller Rechtsextremismus im postsowjetischen Russland. Der Fall Aleksandr Dugin. In: Berliner Debatte Initial (2006). 17. Jhg. 2006 Nr. 6. Berlin: GSFP – Gesellschaft für sozialwissenschaftliche Forschung und Publizistik mbH, Seite 33 – 43.

Umland, Andreas (2008): „Neoeurasismus“ und Antiamerikanismus als Grundbestandteile des außenpolitischen Denkens in Russland. In: Russlandanalysen (2008): Nr. 174/2008. Bremen: Forschungsstelle Osteuropa, Seite 11 – 14.

Umland, Andreas (2009): Der Aufstieg des russischen Nationalismus. URL: http://www.e-politik.de/lesen/artikel/2009/der-aufstieg-des-russischen-nationalismus/ [letzter Zugriff am 26.08.2011].

Umland, Andreas (2011): Russlands drittes autoritäres Experiment. In: The European (2011). Artikel vom 11.11.2011. URL: http://www.theeuropean.de/umland-andreas/8769-stabilitaet-von-russland [letzter Zugriff am 11.11.2011].

Verchovskij, Aleksandr (2006): Russkij nacionalism. Ideologija i nastroenie. Moskva: Informacionno-analitičeskij centr „SOVA“ (Верховский, Александр (2006): Русский национализм. Идеология и настроение. Москва: Информационно-аналитический центр «СОВА»).

Verchovskij, Aleksandr (2010): Russkoe nacionalističeskoe dviženije: 20 let posle Perestrojki (Верховский, Александр (2010): Русское националистическое движение: 20 лет после Перестройки). In: Eurasian Review. Volume 3/ November 2010, Seite 1 – 28. URL: http://www.evrazia.or.kr/review/01Verkhovskii.pdf [letzter Zugriff am 27.07.2011].

Vogelgsang, Sandra (2007): Die Anziehungskraft von Rechtsextremismus für Jugendliche – Evaluation des Projektes „Wölfe im Schafspelz“. Unveröffentlichte Diplomarbeit. Ludwigsburg: Hochschule für öffentliche Verwaltung und Finanzen. URL: http://opus.bsz-bw.de/fhlb/vollte/2007/7/pdf/Vogelgsang-Sandra.pdf [letzter Zugriff am 14.09.2011].

Weinmann, Ute (2005): Unter dem Deckmantel der Avantgarde. Die russische Nationalbolschewistische Partei auf dem Weg zur Macht. In: Zeitschrift Informationszentrum 3. Welt (iz3w), Nr. 286. URL: http://www.sopos.org/aufsaetze/42d0e34d14e10/1.phtml [letzter Zugriff am 04.08.2011].

Weinmann, Ute (2011a): Krieg des weißen Mobs. In Russland macht die rechtsradikale Szene gegen Immigranten aus den ehemaligen sowjetischen Republiken mobil. In: Konkret (2011): Heft 02/ 2011. URL: http://www.konkret-verlage.de/kvv/txt.php?text=kriegdesweissenmobs&jahr=2011&mon=02 [letzter Zugriff am 14.10.2011].

Weinmann, Ute (2011b): Beim Russischen Marsch trifft sich die russische Rechte. Einig im Nationalismus. In: Jungle World (2011): Nr. 45, 10. November 2011. URL: http://jungle-world.com/artikel/2011/45/44295.html [letzter Zugriff am 15.11.2011].

Winkler, Jürgen R. (2000): Rechtsextremismus. Gegenstand – Erklärungsansätze – Grundprobleme. In: Schubarth, Wilfried; Stöss, Richard (Hrsg.) (2000): Rechtsextremismus in der Bundesrepublik Deutschland. Eine Bilanz. Bundeszentrale für politische Bildung. Bonn: Verlag Leske + Buderich, Seite 38-68.

Wyneken, Gustav (1914): Schule und Jugendkultur. Jena: Diederichs, 2. Auflage. In: Spiegel. URL: http://www.spiegel.de/wikipedia/Jugendkultur.html [letzter Zugriff am 12.09.2009].

Zeller, Manfred (2007): Im Hunderitt zum Auswärtsspiel – Fußballfans in Russland. In: Kultura (2007): Russland-Kulturanalysen Nr. 3/2007. Bremen: Forschungsstelle Osteuropa.

Zimmermann, Oliver (2000): Ideologie einer Jugendkultur am Beispiel der Gothic- und Darkwave-Szene. Diplomarbeit. Berlin: Alice-Salomon-Fachhochschule. URL: http://www.angelfire.com/on3/darkalliance/texte/diplom.htm [letzter Zugriff am 10.11.2011].

Florian Ferger

Tschechische Neonazis –

Ursachen rechter Einstellungen und faschistische Semantiken in Zeiten schnellen sozialen Wandels

ISBN 978-3-8382-0275-1
260 Seiten, Paperback. € 34,90

Trotz beunruhigender Wahlerfolge rechtspopulistischer Parteien gibt es bisher kaum empirische Studien zur extremen Rechten in Mittelosteuropa. Dieses Buch stellt als eine der ersten umfassenden Untersuchungen die jüngeren Entwicklungen in der Tschechischen Republik dar. Florian Ferger zeigt, wie sich das durch die Grenzziehungen zwischen West- und Osteuropa beeinflusste tschechische Nationenverständnis in faschistischer Ideologie widerspiegelt und welche Rolle dabei das Verhältnis zum deutschen Nachbarn spielt.

Die Analyse bleibt jedoch nicht bei einer Beschreibung der Situation stehen. Mit Hilfe umfangreicher Einstellungsuntersuchungen geht Ferger den Ursachen zunehmender rechter Einstellungen nach und stellt die Frage nach dem Einfluss des sich nach 1989 intensivierenden Modernisierungsprozesses. Er gelangt unter anderem zu dem Ergebnis, dass rechte Einstellungen in allen Bevölkerungsschichten und nicht allein bei den ‚Verlierern' der schnellen Modernisierung zu suchen sind.

Fergers Studie richtet sich nicht allein an Fachwissenschaftler, sondern auch an politisch und gesellschaftlich Interessierte, die sich mit den Ursachen für das Zunehmen politisch rechter Haltungen auseinandersetzen möchten.

Bestellen Sie per Fax: 0511 26 222 01 | telefonisch: 0511 26 222 00 | online: www.ibidem-verlag.de
in Ihrer Buchhandlung

***ibidem*-Verlag**
Melchiorstr. 15
D-70439 Stuttgart
info@ibidem-verlag.de

www.ibidem-verlag.de
www.ibidem.eu
www.edition-noema.de
www.autorenbetreuung.de

Zeitfracht Medien GmbH
Ferdinand-Jühlke-Straße 7
99095 Erfurt, Deutschland
produktsicherheit@kolibri360.de